Rose Marie Donhauser / Joseph Peter

Thailändisch kochen

Rose Marie Donhauser / Joseph Peter

Thailändisch kochen

Originalrezepte aus einer der beliebtesten Küchen der Welt

Bassermann

Inhalt

Die Thai-Küche ist nicht nur kulinarisch, sondern auch optisch ein Genuss, wie der Curry Fish Flan beweist.

Typisches Fingerfood à la Thai: Satayspieße vom Hühnchen.

Frühlingsrollen einmal anders: mit Jackfrucht gefüllt als exotisches Dessert.

Frisch, fruchtig, feurig
Die Küche Thailands

Nach wie vor sind schwimmende Märkte in Thailand weit verbreitet, bei denen die frischen Waren vom Boot aus verkauft werden.

Essen mit allen Sinnen – das ist es, was die Thailänder lieben. Betörende Düfte, scharfe Gaumenkitzler, exotische Früchte, all das wird in der thailändischen Küche miteinander kombiniert und entführt uns in ein kulinarisches Märchen aus Tausendundeiner Nacht.

Thailand, ehemals Siam, ist heute eines der begehrtesten Fernreiseziele der Europäer und hat sich in den letzten Jahrzehnten zum Urlaubsziel Nummer eins in Asien entwickelt. Der Grund dafür liegt neben der Freundlichkeit der Menschen an der Vielfältigkeit und Schönheit der Landschaft. Doch auch kulinarisch gesehen ist Thailand eine Reise wert. Der Thai gilt unter Kennern der asiatischen Küchen als der Italiener des Fernen Ostens. Das liegt zum einen an der Frische der Zutaten, aber auch an der guten Verträglichkeit der Speisen aufgrund von überwiegend reinen pflanzlichen Ölen.
Die thailändische Küche ist äußerst vielfältig, denn obwohl Thailand das einzige Land in Südostasien ist, das nie kolonialisiert wurde, haben sich Grundzüge der malayischen, chinesischen und ehemaligen Khmer-Küche ein-

geschlichen und bis heute erhalten. Der Gewürzreichtum Indiens hat ebenfalls seine Spuren in Thailand hinterlassen: die Chilis fanden im 16. Jahrhundert den Weg über Indien nach Thailand.

Frische ist oberstes Gebot

Durch das tropisch feucht-heiße Klima ist die stets frische Zubereitung der Speisen unabdingbar. Obwohl man seit den letzten zehn Jahren in den Ballungszentren alles nach europäischem Vorbild in den Regalen der Supermärkte finden kann, geht die Thailänderin täglich auf den Markt, um die Lebensmittel möglichst frisch einzukaufen. Trotz vieler westlicher Einflüsse sind die Thais ihrer Küche treu geblieben und bezeichnen sie auch als »Ahan Thai Aroy«, was so viel heißt wie »geschmackvolles Essen«.

Alles auf einmal

Das Besondere an der thailändischen Küche, die von uns Europäern oft als leicht und gesund empfunden wird, liegt hauptsächlich darin, dass selbst für im Fett Ausgebackenes reine pflanzliche Öle mit ausgewogenen Fettsäuren verwendet werden.
Speisenfolgen der klassischen Art, wie wir sie kennen, sind in Thailand unüblich. Alles wird gleichzeitig serviert. Ein Dinner ist mit einem Tischbüfett zu vergleichen, auf dem zunächst Yamsalate, Gemüsekondimente, bisweilen pikant gewürzt, gereicht werden. Suppen werden begleitend zu den Hauptspeisen gegessen. Nudeln werden nie in der Kombination mit Reis verzehrt. Milchprodukte findet man äußerst selten in der thailändischen Küche.
Die vielen Köstlichkeiten, die in kleinen Portionen gleichzeitig gereicht werden, geben die wunderbare Möglichkeit, von allem zu naschen.
Das Gedeck besteht neben Tellern und Schälchen aus Löffel und Gabel, zu Suppen und Nudeln gibt es jedoch meistens Essstäbchen, Chop Sticks. Ein neben den Esstisch gestelltes Rattantischchen, das Kantok, auf dem viele Schälchen Platz finden, rundet das Ambiente für einen thailändischen Abend ab.

Auf Märkten in Thailand werden viele Speisen, wie hier ein Kokosnussdessert, frisch zubereitet angeboten.

Speisenfolgen nach europäischem Muster kennt der Thailänder nicht. Alles wird gleichzeitig serviert und mal aus diesem und mal aus jenem Schälchen genascht.

Was ist was?
Kleines Zutatenlexikon

Reis ist der wichtigste Bestandteil der thailändischen Küche und wird nicht wie bei uns üblich gekocht, sondern gedämpft.

Verschiedene Currypasten, Knoblauch, Koriander und diverse Würzsaucen gehören zur Standardausrüstung in der Thai-Küche. Wir geben Ihnen einen kleinen Überblick über die wichtigsten Zutaten und ihre Bezeichnungen.

Reis

Wichtigster Bestandteil der Thai-Küche ist der Reis. Von über 2000 Sorten, die auf dem Weltmarkt erhältlich sind, liegt der Jasminduftreis neben dem indischen Basmatireis vom Verbrauch her an erster Stelle. Oft gibt es in Thailand Reis schon zum Frühstück, dann allerdings als Suppengericht, Kao Tom genannt. Mittags wird Reis meist in gebratener Form als Hauptgericht, Kao Pat, serviert, ansonsten dient er immer als Sättigungsbeilage, ausgenommen bei Nudelgerichten.

Nudeln

In Thailand gibt es sowohl Glas- als auch Eiernudeln, die ihren Ursprung im chinesischen Bereich haben.

Fleisch

Wenn es in Thailand Fleisch gibt, dann ist es in erster Linie Schweine- oder Rindfleisch, manchmal auch Wild. Generell dient Fleisch aber eher als Beilage zu Sättigungsgerichten wie Reis oder Nudeln.

Meeresfrüchte und Fische

Beinahe jede Art von Meeresgetier wird in der Thai-Küche verarbeitet. Aber auch Süßwasserfische werden gern gegessen, wie z. B. der größte Süßwasserfisch der Erde, der Pla Buk (siamesischer Wels), der bis zu 600 Kilogramm schwer wird und in den

Herbstmonaten im Mea-Khong-Fluss gefangen wird. Besonders beliebt sind die großen Hummerkrabben, die Garnelen, die auch in den nachfolgenden Rezepten häufig verwendet werden.

Curry

Curry wird nicht im herkömmlichen Sinn als Pulvergewürz verwendet, sondern mit bis zu 15 Komponenten im Mörser zu einer Paste verarbeitet und oftmals mit Kokosmilch verkocht. Auf keinen Fall ist der thailändische mit dem indischen Curry zu vergleichen!

Yam

Als Yam werden verschiedene Arten von Vorspeisen oder Zwischengerichten bezeichnet. Yam ist sehr oft ein frisch zubereiteter Salat, der lauwarm verzehrt wird. Auf den Seiten 30 bis 38 finden Sie einige Yamrezepte. Wichtigste Würzelemente für ein Yam sind die Thai-Fischsauce, Nam pla sowie Limettensaft und Korianderstiele, geschärft mit Chilis und Knoblauch.

Geang Jeud

So werden in ganz Thailand klare Suppen mit mildem

Das uns Europäern geläufige Currypulver verwendet der Thailänder kaum, sondern bereitet seine wunderbaren Currys mit verschiedenen Currypasten zu, die Sie hierzulande in asiatischen Lebensmittelgeschäften erhalten.

Currypasten sind ein wichtiger Bestandteil der Thai-Küche. Am besten zunächst vorsichtig verwenden, da sie sehr scharf sind.

Die Thai-Küche kennt keine Milchprodukte, daher wird Kokosmilch oft als die Sahne der Thailänder bezeichnet.

Geschmack bezeichnet, die neutralisierend zwischen Speisenfolgen serviert werden.

Pak

Dieser Begriff für Gemüse findet in der Thai-Küche häufig Verwendung. Das Gemüse wird bissfest gegart und mit Fisch, Fleisch, Nudeln und Currys kombiniert.

Porlamai

Früchte werden gern zum Nachtisch gereicht. Von sechs Bananensorten, über Zimtäpfel, Lychees, Blumenduftmangos, Durian (Stinkfrucht), Sapodilla, Wassermelone, Rambutan, Ananas, Papaya, Longan bis hin zur schwersten Frucht der Welt, Jack Fruit, wird hier alles geboten.

Kokosmilch wird in der Thai-Küche gern für Currys verwendet, um die Schärfe der Chilis etwas zu mildern.

Kati

Kokosmilch, Kati, ist ein Grundprodukt für Saucen, Suppen und Currys. Damit ist aber nicht die Flüssigkeit (Kokoswasser) gemeint. Kokosmilch wird vielmehr aus frisch geraspelten Kokosflocken hergestellt, die man mit kochendem Wasser überbrüht und zehn Minuten ziehen lässt. Anschließend wird die Masse durch ein Tuch gepresst.

Koriander

Koriander gilt als die Petersilie der Thai-Küche. Sehr viele Gerichte erlangen erst ihre Vollendung durch frisch geschnittenes Koriandergrün. Frischen Koriander erhalten Sie in Asialäden und gut sortierten Gemüsehandlungen.

Zitronengras

Die bis zu 40 Zentimeter langen Stängel werden zum Parfümieren vieler Speisen verwendet. Frische Stängel werden geschält, aber nur die unteren Hälften verwendet. Vor dem Kochen wird Zitronengras mit einem Messerrücken angedrückt.

Chili

Ohne Chilischoten, Prik, geht in der thailändischen Küche (fast) gar nichts. Chilis, meist hauchdünn geschnitten, sorgen in vielen Gerichten für die nötige Schärfe, geben aber auch einen optischen Farbklecks. Chilischoten in verschiedenen Farben und Größen bekommen Sie in asiatischen Lebensmittelgeschäften.

Würzsaucen

In ganz Asien gibt es etwa 150 verschiedene Sojasaucen mit unterschiedlichsten Geschmacksnuancen. Nachfolgend die sieben wichtigsten Thai-Würzsaucen:

Nam pla: Die wichtigste Würzsauce Thailands, die häufig anstelle von Salz verwendet wird. Frische Sardellen werden mit rohem Meersalz im Verhältnis 50:50 gemischt und bis zu zehn Monate fermentiert, dann im Verhältnis 1:20 mit filtriertem Meerwasser verdünnt. In den nachfolgenden Rezepten wird diese Sauce in der Regel als Thai-Fischsauce bezeichnet.

Siu Kao: Leichte, helle Sojasauce für Fisch, Suppen und Gemüse.

Siu Dam: Dunkle, dickflüssige Sojasauce für Enten- und Schmorgerichte.

Nam Man Hoi: Hierzulande besser bekannt als Austernsauce, wird aus Austernextrakt und Sojasauce hergestellt. Die dickflüssige Sauce wird für Nudeln, Meeresfrüchte und Gemüse verwendet. Im Kühlschrank ist Austernsauce über Monate hinweg haltbar.

Dao Cheau: Braune, dickflüssige Sojapastensauce für Gemüse, speziell für Blattgemüse.

Bu Kao Thong: Würzsauce auf pflanzlicher Basis zum Marinieren für Suppen und Saucen.

Interessante geschmackliche Gegensätze sind in der Thai-Küche vereint: die Schärfe von Chilis sowie Pfeffer und die exotische Frische von Zitronengras, Kokosnuss und Limetten.

Nachgefragt

»Die Thais sind Nascher«

Joseph Peter kennt die echte thailändische Küche, da er mehrere Jahre in Thailand als Küchenchef gearbeitet hat.

Die Thais haben ihre ganz eigene Esskultur – nicht vergleichbar mit der europäischen. Was das Besondere der thailändischen Küche ausmacht, und was Sie zu Hause für den Start als »Thai-Koch« brauchen, sagt Ihnen Joseph Peter selbst. Rose Marie Donhauser hat sich darüber mit ihm unterhalten.

Joseph Peter und Rose Marie Donhauser, die Autoren dieses Buchs, werden Sie auf den folgenden Seiten durch die Welt der vielseitigen exotischen Gaumenfreuden führen. Und wenn Sie die Kochkunst von Joseph Peter hautnah erleben möchten, lohnt sich ein Besuch im »Mangostin Asia Restaurant« in München, das er seit 1990 zusammen mit seinem Freund und Partner Roland Kuffler als geschäftsführender Gesellschafter betreibt.

Sie waren lange Jahre als Koch im Hilton in München und gingen 1976 als kulinarischer Globetrotter …?

… in die Schweiz, nach Belgien, Frankreich, Tunesien, Bahrein, Venezuela und nach Thailand. Im Bangkok Hilton arbeitete ich sechs Jahre als Küchenchef und war Leiter der Nationalmannschaft der thailändischen Köche.

War die Station in Thailand entscheidend für Sie?

Die asiatische, insbesondere die thailändische Küche hat es mir angetan. Bereits 1987 war mir klar, wenn ich in die Heimat zurückkehre, nicht mehr die kontinentale Küche zu praktizieren, sondern die authentische Thai-Küche umzusetzen.

Was ist so faszinierend für Sie an der Thai-Küche?

Küchentechnisch ist der Thai der Italiener des fernen Ostens. Die Lebensfreude, Sanuk, der Thais spiegelt sich im Essen. Für mich war einfach wichtig, diese authentische Küche in meinem Lokal umzusetzen.

Was empfehlen Sie für den Einstieg zum Thai-Kochen?

Die Küchenausrüstung ist für mich das Fundament. Dazu gehört das Allzweckgerät Wok. Damit können Sie alle bekannten Grundzubereitungsarten anwenden, z. B. das typische Frittieren, Kurzbraten, Dünsten, Schmoren, Kochen oder Dämpfen.

Sind sonst noch spezielle Küchengeräte von Vorteil?

Zum Schneiden sollten Sie wie in fast allen asiatischen Küchen ein großes Messer (Chopper) mit breiter Klinge verwenden. Es ist ideal zum Hacken, Schneiden, Tranchieren, aber auch zum Plattieren, z. B. von Zitronengras. Und – ganz wichtig – schaffen Sie sich einen Granitmörser an. Damit können Sie Gewürze fein verreiben, aber auch frische Pasten herstellen.

Und welches Grundsortiment an Thai-Lebensmitteln empfehlen Sie zum Start?

Da die Thai-Küche von ihrer Frische lebt, kann ich natürlich nur das Trockensortiment ansprechen. Dazu gehören Duftreis, Glasnudeln, getrocknete Garnelen, Kokosmilch in Dosen, Sojaöl, ungesalzene Erdnüsse und fertige Saucen und Pasten.

Welche Pasten sind die wichtigsten?

Die rote, grüne und gelbe Currypaste. Man kann sie sehr gut selbst im Mörser herstellen, aber es gibt sie bereits fertig in Thai-Läden.

Was macht man, wenn kein Thai-Laden um die Ecke ist?

Sie können in größeren Städten auf Vorrat einkaufen. Viele Zutaten bekommen Sie auch in Asialäden. Es gibt aber auch Versandgeschäfte für thailändische Lebensmittel.

Und was essen die Thais am liebsten?

Die Thais sind Nascher – den ganzen Tag wird genascht. Für mich gibt es einfach mehr als Grissini und Lachstatar. Ich möchte zeigen, dass sich der Schnittchenkult aufgrund unserer Globalisierung ändert. Ein Häppchen Curry, eine Frühlingsrolle, einen Wanton oder gebackene Maisküchlein – das ist doch perfekt.

Und was ist Ihr liebster Thai-Snack?

Immer der, den ich gerade nasche …

Thailand könnte auch das Land der lachenden Menschen genannt werden.

Zum Auftakt Cocktails & Co.

Verführerisch und leicht: Drinks und kleine Häppchen

Schier unerschöpflich sind die Variationsmöglichkeiten an kalten Mixgetränken – mit und ohne Alkohol. Die Vielzahl an exotischen Früchten bietet die Grundlage dafür. Beginnen Sie ein thailändisches Menü mit einem fruchtigen Cocktail und einem kleinen Amuse-gueule.

Der Mekhong Whiskey ist wohl die bekannteste Spirituose aus Thailand und ideal zum Mixen von Cocktails.

Mekhong Whiskey Cola

Äußerst beliebt

reicht für 2:

10 Eiswürfel
1/2 Limette
12 cl Mekhong Whiskey
400 ml Cola

dauert: 5 Minuten

1. Eiswürfel in zwei Whiskeygläser (Tumbler) geben. Limette auspressen, über die Eiswürfel träufeln und Whiskey dazugeben.

2. Mit Cola aufgießen und die Drinks mit einem Cocktailstirrer gut durchrühren.

Whiskey Sour

Mehkong Preow

reicht für 1:

5 cl Mekhong Whiskey
3 cl Limetten- oder Zitronensaft
2 cl Zuckersirup
5 angetaute Eiswürfel
1 Cocktailkirsche
1 Lychee aus der Dose

dauert: 5 Minuten

1. Mekhong Whiskey, Limetten- oder Zitronensaft, Zuckersirup und angetaute Eiswürfel in einen Cocktailshaker geben und etwa 10 Sekunden gut schütteln.

2. Den Drink mit den Eiswürfeln in ein Whiskeyglas gießen. Die Cocktailkirsche und die Lychee auf ein Cocktailspießchen stecken und auf den Glasrand legen.

Kreation von Joseph Peter

Lemon Grass

1. Den unteren Teil des Zitronengrasstängels, etwa 4 bis 5 Zentimeter, quer in mittelfeine Scheiben schneiden. Die Limette vierteln.

2. Zitronengrasstücke mit den Limettenvierteln sowie den Kaffirlimettenblättern in einen Whiskeytumbler geben. Zucker oder Sirup hinzufügen und mit Hilfe eines Holz- oder Keramikstößels die Zutaten leicht zerstoßen.

3. Eiswürfel zugeben und alles mit Wodka aufgießen. Den Drink mit einem langstieligen Dessertlöffel umrühren. Mit dem restlichen Zitronengrasstängel und den Minzeblättchen dekorieren.

reicht für 1:

1 Stängel Zitronengras
1 Limette
3 Kaffirlimettenblätter
2 EL brauner Zucker (oder 3 EL Zuckersirup)
8 große Eiswürfel
6 cl Wodka
2 frische Minzeblättchen (oder Zitronenmelisse)

dauert: 10 Minuten

Tipp

Ein »Virgin«-Lemon-Grass wird mit Ginger Ale statt Wodka zu einer exotisch-limonigen, alkoholfreien Erfrischung.

Dieser Drink ist der absolute Mangostinklassiker und wurde von Restaurantchef Joseph Peter 1989 in Bangkok in der Bar »Bolero« erfunden.

Mai Tai

Cocktailklassiker

reicht für 1:

6 cl brauner Karibikrum (Myers oder Appleton Dark)
2 cl Cointreau
3 cl Limettensaft
1 cl Zuckersirup
1 cl Mandelsirup
8 Eiswürfel
2 Tassen zerstoßenes Eis
1 Limette
1 Ananasecke
2 Minzekronen

dauert: 5 Minuten

1. Rum, Cointreau, Limettensaft, Zucker- und Mandelsirup sowie die Eiswürfel in einen Cocktailshaker geben und gut schütteln.

2. Das zerstoßene Eis in ein großes, breites Cocktailglas (Whiskeytumbler) geben. Die Limette vierteln, den Saft über das Eis träufeln und die Viertel in das Glas geben.

3. Den Mai Tai über ein Barsieb vom Cocktailshaker in das Glas gießen. Mit der Ananasecke und den Minzeblättchen dekorieren.

Siam

Schmeckt Kindern

reicht für 2:

1 Zitrone
1 Banane
400 ml Orangensaft
4 cl Kokossirup (aus der Dose)
2 Tassen zerstoßenes Eis
2 Papayaecken oder 2 Physalis

dauert: 5 Minuten

1. Die Zitrone auspressen. Die Banane schälen und zusammen mit Orangensaft, Kokossirup, Zitronensaft und Eis im Küchenmixer auf höchster Stufe glatt mixen.

2. Die Flüssigkeit in zwei hohe Cocktailgläser gießen und mit Papayaecken oder Physalis dekorieren.

∧ Zum Auspressen eignen sich am besten die Tahiti- oder persischen Limetten, da sie sehr viel Saft und keine Kerne haben.

Zaparot Mao

Pineapple Fizz

1. Rum, Limetten- oder Zitronensaft, Zuckersirup, Ananassaft und Eiswürfel in einem Cocktailshaker etwa 15 Sekunden schütteln.

2. Den Drink in ein Cocktailglas gießen und mit Soda- oder Mineralwasser aufgießen. Mit einer Ananaskrone oder Ananasblättern dekorieren.

reicht für 1:

6 cl weißer Rum (z. B. Baccardi, Appleton White)

2 cl Limetten- oder Zitronensaft

1 cl Zuckersirup

6 cl Ananassaft

8 angetaute Eiswürfel

1 Schuss kaltes Soda- oder Mineralwasser (4 cl)

1 Ananaskrone oder Ananasblätter

dauert: 5 Minuten

Sie können den Pineapple Fizz auch schön mit einer Scheibe frischer Ananas und etwas Minze garnieren.

Der Rosellablüten-Drink ist besonders im Sommer wunderbar erfrischend.

Rosellablüten-Highlight

Nam Kachiap

reicht für 5:

1 Tasse Rosellablüten
2 Limetten
3 EL Zucker
5 Eiswürfel

dauert: 5 Minuten (plus 30 Minuten durchziehen)

1. 1 Liter Wasser zum Kochen bringen. Die Rosellablüten in eine Schüssel geben und mit dem Wasser begießen. Die Limetten auspressen. Von 1/2 Limette die Schale ablösen. Limettensaft und -schale sowie Zucker einrühren. Das Ganze etwa 30 Minuten ziehen lassen.

2. Die Limettenschale entfernen und das Getränk in eine Karaffe mit Eiswürfeln gießen.

Dieser Göttertrunk ist ein absolutes Highlight im Vergleich zu den üblichen, industriell hergestellten Ice-Tea-Produkten.

Tipp

Rosellablüten erhalten Sie als Trockenprodukt in Asialäden. Ersatzweise können Sie auch Malventee verwenden. Vom Geschmack her kommt die Hagebutte der Rosellablüte am nächsten.

Die frappierten Lychees sind ein eiskaltes Drinkvergnügen. >

Frappierte Lychees

Nam Wan Lychee

1. Für die Dekoration 5 Lychees beiseite legen. Die restlichen Lychees mit Saft, 120 Milliliter Wasser, Zitronensaft, Zuckersirup und Eis in den Küchenmixer geben.

2. Alle Zutaten so lange mixen, bis keine Eisstückchen mehr zu sehen sind. Den schneeweißen Drink in fünf hohe Gläser gießen und mit je 1 Lychee dekorieren.

reicht für 5:

1 Dose thailändische Lychees mit Saft (400 g)
3 cl Zitronensaft
3 cl Zuckersirup
2 Tassen zerstoßenes Eis

dauert: 5 Minuten

Wussten Sie, dass die besten Lychees der Welt in Thailand reifen? Zu Ehren dieser Früchte gibt es im Mai ein Lycheefest, das überall groß gefeiert wird.

Tipp

Geben Sie die Lycheedose für etwa 1 Stunde in das Gefrierfach. So wird Ihr Getränk zu einem tiefgekühlten Exoten-Frappé-Zauber – genau das Richtige für heiße Sommertage!

Gefüllte Blätterkanapees

Miang Kam

reicht für 4:

für die Füllung:
- 3 EL geröstete grobe Kokosraspel
- 3 EL gewürfelte Schalotten
- 3 EL geschälte, gewürfelte, entkernte Limetten
- 3 EL frischer gewürfelter Ingwer
- 3 EL geröstete Erdnüsse
- 2 EL gehackte Thai-Chili
- 2 EL getrocknete kleine Shrimps

für die Sauce:
- 1 EL Thai-Shrimpspaste
- 1/2 EL gehackte Galgantwurzel
- 1/2 EL gewürfelte Schalotten
- 2 EL Kokosraspel
- 2 EL gehackte Erdnüsse
- 1 EL gehackte getrocknete Shrimps
- 1 TL gehackter Ingwer
- 200 g Palmzucker (oder brauner Zucker)

außerdem:
- 24 Bai-Thong-Lang-Baumblätter (meist gebündelt im Asialaden erhältlich)

dauert: 70 Minuten (plus 1 Stunde kühlen)

1. Die Zutaten für die Füllung gründlich vermischen. Die Zutaten für die Sauce in einen Topf geben und langsam, unter ständigem Rühren etwa 30 Minuten offen kochen lassen. Sobald eine honigähnliche Konsistenz erreicht ist, die Sauce für etwa 1 Stunde kalt stellen.

2. Die Baumblätter waschen, trockenschwenken und einzeln auslegen. Die Füllung auf den Blättern verteilen und mit der Sauce beträufeln.

3. Die Blätter zu Füllhörnern (Schultüten) aufdrehen und je 6 Stück pro Person auf einem Teller anrichten.

Tipps

- *Die Mengenangaben sind in diesem Rezept genau nach Esslöffelschwere konzipiert. Für 3 Esslöffel Schalotten rechnet man etwa 2 ganze Schalotten, für 3 Esslöffel Ingwer 60 bis 70 Gramm frischen Ingwer.*
- *Falls Sie keine Baumblätter bekommen, können Sie auch einfach Salatblätter verwenden.*

∧ An einem dunklen, trockenen Ort können Schalotten etwa einen Monat aufbewahrt werden.

Kanom Pang Naa Mu

Garnelen-Fleisch-Toast

1. Den Koriander waschen, trockenschwenken, Blättchen von den Stielen zupfen und fein hacken. Die Knoblauchzehe abziehen und fein hacken. Die Garnelen fein hacken.

2. Koriander, Knoblauch und Garnelen etwa 5 Minuten mit einem Hackmesser nochmals sehr fein zerkleinern. Mit Schweinehack, Speisestärke, Fischsauce, Salz, Zucker, Pfeffer und Eiweiß vermengen.

3. Die Toastbrotscheiben mit der Hackmasse bestreichen. Das Pflanzenöl auf etwa 160 °C erhitzen. Die Brotscheiben darin portionsweise etwa 3 Minuten frittieren. Auf Küchenpapier abtropfen lassen und diagonal durchschneiden.

reicht für 4:

1/2 Bund Koriandergrün
1 Knoblauchzehe
4 Tigergarnelen ohne Kopf und Schalen
80 g Schweinehackfleisch
1 EL Speisestärke
1 EL Thai-Fischsauce
1 Prise Salz
1 Prise Zucker
1/4 TL weißer gemahlener Pfeffer
1 Eiweiß
6 Scheiben Toastbrot
1 l Pflanzenöl

dauert: 30 Minuten

Frischer Koriander mit Wurzeln kann im Kühlschrank etwa eine Woche aufbewahrt werden, wenn man die Wurzeln in Wasser stellt und die Blätter mit einem Plastikbeutel bedeckt.

Satay Thai Gai

Satayspieße vom Hühnchen

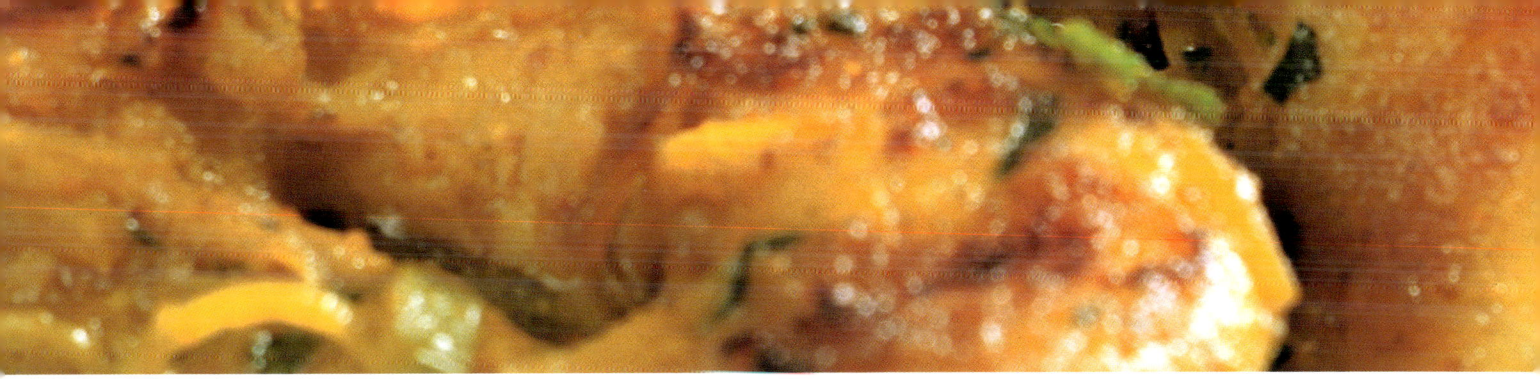

1. Die Hühnchenbrust in dünne Streifen von etwa 15 Gramm schneiden und der Länge nach auf die Bambusspieße stecken.

2. Das Koriandergrün waschen, trockenschwenken, von den Stielen zupfen und fein hacken. Das Zitronengras waschen und klein schneiden. Koriander, Zitronengras, Kokosmilch, Curry, Zucker und Salz mit dem Sojaöl verrühren. Die Spieße für etwa 6 Stunden in diese Marinade legen.

3. Für die Erdnusssauce alle Zutaten in einem kleinen Topf etwa 5 Minuten bei mittlerer Hitze kochen lassen. Den Topf beiseite ziehen und die Sauce warm halten; sie wird lauwarm serviert.

4. Die Gurke waschen, längs halbieren und entkernen. Die Gurkenhälften längs dritteln und quer in 1 Millimeter dünne Scheibchen schneiden.

5. Die Schalotten abziehen und der Länge nach in 1 Millimeter dünne Scheiben schneiden. Die Chilischote waschen, entkernen und in dünne Streifen schneiden.

6. Gurke, Schalotten und Chili mit Essig und Zuckersirup (Nam Achaad Sauce) verrühren. Eine Grillpfanne mit 2 Esslöffeln Sojaöl auspinseln und die Hühnchenspieße auf beiden Seiten etwa 2 Minuten braten. Die beiden Saucen in Portionsschälchen füllen und dazu servieren.

reicht für 4:

360 g Hühnchenbrust
24 Bambusspieße (erhältlich im Thai-Laden)
2 EL Sojaöl

für die Marinade:
1/2 Bund Koriandergrün
1 Stängel Zitronengras
4 EL Kokosmilch
1 EL indisches Currypulver
1 EL Zucker
1 TL Salz
2 EL Sojaöl (oder Rapsöl)

für die Erdnusssauce:
120 ml Kokosmilch (etwa 1/4 Dose)
1/2 EL rote Currypaste (etwa 15 g)
1 EL Thai-Fischsauce
1 EL brauner Zucker
60 g geschälte, geröstete Erdnüsse, fein gehackt

für die Nam Achaad Sauce:
4 EL weißer Thai-Essig
4 EL Zuckersirup

außerdem:
200 g Salatgurke
2 Schalotten
1/2 rote Chilischote

dauert: 50 Minuten (plus 6 Stunden marinieren)

Tipp

Sie können die Spieße auch bei starker Oberhitze im vorgeheizten Backofen in 6 bis 7 Minuten grillen. Bestreichen Sie die Spieße während des Grillens mit Kokosmilch – und Sie erleben eine absolute Geschmacksvollendung.

< Die Satayspieße vom Hühnchen mit zwei raffinierten Saucen sind der Inbegriff der Thai-Küche.

Mini-Tintenfischspieße

Pla Muk Lek Yang

reicht für 4:

1 Knoblauchzehe
2 EL Thai-Fischsauce
1 EL Sesamöl
1 EL Palmzucker (oder brauner Zucker)
400 g geputzte kleine Tintenfische

für die Sauce:

5 kleine Thai-Chilis
1 Bund Koriandergrün
2 Knoblauchzehen
4 EL Thai-Fischsauce
6 EL Limettensaft
1 TL Zucker

außerdem:

8 Bambusspieße

dauert: 20 Minuten (plus 1 Stunde marinieren)

1. Den Knoblauch abziehen und hacken. Zusammen mit der Fischsauce, dem Sesamöl und dem Palmzucker verrühren. Die Tintenfische in die Marinade legen und etwa 1 Stunde ziehen lassen.

2. Für die Sauce die Thai-Chilis waschen, entkernen und fein hacken. Koriandergrün waschen, Blättchen von den Stielen zupfen und fein hacken. Die Knoblauchzehen abziehen und fein würfeln.

3. Fischsauce, Limettensaft und Zucker mit den Chilis, Koriander und Knoblauch verrühren.

4. Den Backofen auf 160 °C mit Grillstufe vorheizen und die Tintenfische auf Bambusspieße stecken. Die Spieße im Backofen auf der obersten Schiene etwa 6 Minuten grillen. Die Dipsauce in Portionsschälchen dazu servieren.

Tipps

- ***Kleine Sepien können Sie in vielen Fischfachgeschäften bereits fertig gesteckt bekommen. Italienische Fischhändler bezeichnen diese als Sepialine.***
- ***Wenn Sie dieses Fischgericht in einer Grillpfanne zubereiten, sollten Sie die Tintenfische mehrmals wenden, da sie aufgrund des Zuckers schnell verbrennen können.***

∧ Frischer Tintenfisch, auch Sepia genannt, sollte feuchtes, festes Fleisch haben, das nur leicht nach Fisch riecht.

Nua Kem

Rindfleischlocken mit Koriander

1. Die Rinderhüfte in sehr schmale Streifen schneiden. Korianderkörner im Mörser zerstoßen.

2. Die Fischsauce mit Palmzucker, Pfeffer, Salz und Koriander verrühren. Die Fleischstreifen mit dieser Marinade gut vermengen. Auf ein engmaschiges Backgitter legen und für etwa 24 Stunden im offenen Backofen ziehen lassen.

3. Das Pflanzenöl auf 160 bis 180 °C erhitzen. Die Fleischstreifen darin portionsweise in etwa 2 Minuten frittieren. Auf Küchenpapier abtropfen lassen und mit dem Dip servieren.

Durch das lange Marinieren werden die Rindfleischlocken schön würzig und besonders zart.

reicht für 4:

500 g Rinderhüfte
1 EL Korianderkörner
6 EL Thai-Fischsauce
60 g Palmzucker (oder brauner Zucker)
1/2 TL gemahlener weißer Pfeffer
1 Prise Salz
1 1/2 l Pflanzenöl
zum Dippen:
Sriracha Chili Sauce

dauert: 30 Minuten (plus 24 Stunden marinieren)

Für Gabel und Löffel

Salate & Suppen

Kalt oder warm genießen

Ein Salat, oft lauwarm serviert, und/oder eine Suppe sind ein absolutes Muss auf einer thailändischen Menütafel. Dabei werden die Salate farbenprächtig und dekorativ angerichtet, denn so macht das Essen Spaß, »Sanuk«, wie die Thailänder sagen.

Römischer Salat schmeckt herzhafter als Kopfsalat. Wie alle Salate ist er sehr kalorienarm, da er viel Wasser enthält.

Gemüsesalat mit Garnelen

Yam Yai Gung

reicht für 4:

2 Eier
2 Frühlingszwiebeln
1 EL gehackte Erdnüsse
1/2 kleine grüne, unreife Papaya (ersatzweise Salatgurke)
1/2 Kopf Blattsalat (Lollo Verde, Kopfsalat oder römischer Salat)
250 g gekochte, geschälte Garnelen (etwa 20 Stück)

für die Yammarinade:

1/2 große rote Chilischote
2 kleine Thai-Chilis
2 Knoblauchzehen
1/2 Bund Koriandergrün
3 EL Thai-Fischsauce
5 EL Limettensaft
1/2 TL Zucker
1 Prise Salz

dauert: 50 Minuten

1. Die Eier hart kochen. Frühlingszwiebeln waschen, putzen und in feine Scheiben schneiden. Erdnüsse in einer heißen, ungefetteten Pfanne rösten, bis sie duften. Herausnehmen, hacken und beiseite stellen.

2. Die Eier abschrecken und pellen. Papaya schälen und in feinste Streifen schneiden. Salat in Blätter teilen, waschen und trockenschwenken.

3. Chilischote sowie Thai-Chilis waschen, entkernen und fein würfeln. Knoblauch abziehen und sehr fein hacken. Koriander waschen, trockenschwenken, die Blättchen abzupfen und fein hacken.

4. Chilis, Knoblauch und Koriander mit den weiteren Zutaten verrühren, bis sich der Zucker gelöst hat.

5. Die Salatblätter kreisförmig auf einem Servierteller anrichten. Papayastreifen, Frühlingszwiebeln sowie die Garnelen mit der Hälfte der Marinade anmachen und in der Mitte des Salatrings anrichten.

6. Die Eier jeweils in 6 Spalten schneiden, auf den Salatblättern verteilen und mit dem restlichen Dressing beträufeln. Vor dem Servieren die Erdnüsse darüber streuen.

Yam Gai Ob

Yamsalat vom Grillhähnchen

1. Backofen auf 180 °C (Umluft 160 °C, Gas Stufe 2–3) vorheizen. Hähnchen salzen und pfeffern. Im Backofen etwa 40 Minuten knusprig braten. Herausnehmen und 1 Stunde abkühlen lassen.

2. Schalotten der Länge nach in Streifen schneiden. Tomaten waschen, halbieren, entkernen und in dünne Streifen schneiden. Sellerie quer in Scheibchen schneiden.

3. Den Koriander waschen, trockenschwenken, Blättchen abzupfen, fein hacken und die Hälfte für das Dressing beiseite legen.

4. Das lauwarme Hähnchenfleisch von den Knochen lösen und grob zerrupfen. Zusammen mit den Tomaten, Schalotten, Sellerie und der Yammarinade locker vermengen.

5. Salatblätter waschen, trockenschwenken und mit Tomaten- und Gurkenscheiben kreisförmig auf einer Servierplatte anrichten. Den Hähnchensalat in die Mitte geben und alles mit Koriandergrün bestreuen.

reicht für 4:

1 Hähnchen (etwa 1 kg)
Salz
frisch gemahlener Pfeffer
2 Schalotten
2 Tomaten
1 Stange Staudensellerie
1/2 Bund Koriandergrün
6 EL Yammarinade (Rezept Seite 30)

für die Garnitur:

8 Blätter Lollo Verde
8 Tomatenscheiben
8 Gurkenscheiben

dauert: 1 Stunde (plus 1 Stunde kühlen)

Yam werden in der Thai-Küche verschiedene Arten von Vorspeisen oder Zwischengerichten bezeichnet. Hier eine Variante mit Geflügel.

Thai-Calamaressalat

Yam Plar Muk

reicht für 4:

500 g geputzte, abgezogene und ausgenommene Calamarestuben mit Tentakeln
Salz
4 große Schalotten
4 Tomaten
1/2 Bund Koriandergrün
1/2 EL Chilipaste in Sojaöl (Nam Prik Pao)
6 EL Yammarinade (Rezept Seite 30)
etwas Limettensaft
8 Blätter Lollo Verde

dauert: 40 Minuten

1. Die Calamarestuben von den Tentakeln ablösen und mit einem scharfen Küchenmesser Schrägschnitte in etwa 1 Millimeter Abstand einschneiden. Die Tuben halbieren und in 3 Zentimeter breite Streifen schneiden.

2. Die Calamaresstücke für etwa 30 Sekunden in kochendes, leicht gesalzenes Wasser geben. Mit einem Küchensieb herausnehmen. Nicht mit kaltem Wasser abschrecken!

3. Die Schalotten abziehen und in Streifen schneiden. Die Tomaten waschen, halbieren, entkernen und in Streifen schneiden. Den Koriander waschen, trockenschwenken, Blättchen von den Stängeln zupfen und fein hacken.

4. Die Chilipaste mit der Yammarinade verrühren. Alle Salatzutaten, außer Koriander, in einer Schüssel locker vermengen. Mit Salz und etwas Limettensaft abschmecken.

5. Die Salatblätter waschen, trockenschwenken und auf einer Servierplatte kreisförmig anrichten. Den Calamaressalat darauf hübsch verteilen und mit Koriandergrün garnieren.

Tipp

Die klassische Yammarinade können Sie auf Vorrat zubereiten und in einem Glas luftdicht verschließen. Sie hält sich etwa drei Tage im Kühlschrank.

∧ ***Calamares werden meist küchenfertig frisch oder gefroren angeboten. Das feste Fleisch sollte nur leicht nach Meer riechen.***

Miang Pla Too

Thai-Makrelensalat

1. Die Makrele ungewürzt in eine Pfanne geben, etwas Wasser untergießen und auf beiden Seiten etwa 5 Minuten dämpfen. Die Makrele auf ein Küchentuch legen und 1 Stunde bis zur Weiterverarbeitung liegen lassen.

2. Die Schalotten abziehen und in hauchdünne Scheiben schneiden. Den Ingwer schälen und in feine Streifen schneiden. Die Chilischoten waschen, entkernen und in feine Streifen schneiden.

3. Die Mango schälen und in dünne Streifen schneiden. Die Limetten auspressen. Minze und Koriandergrün separat waschen, trockenschwenken, Blättchen von den Stielen zupfen und fein hacken.

4. In einer Pfanne das Pflanzenöl erhitzen und die Makrele darin auf beiden Seiten etwa 4 Minuten braten. Aus der Pfanne nehmen, das Makrelenfleisch mit zwei Gabeln von den Gräten lösen und zerpflücken.

5. Das Makrelenfleisch mit Schalotten, Ingwer, Chilis, Mango, Erdnüssen, Limettenschale, Limettensaft und Salz locker vermengen.

6. Die Salatblätter waschen, trockenschwenken, auf einer Platte kreisförmig anrichten und den Makrelensalat darauf geben. Mit Minze und Koriander garnieren.

Frisches Koriandergrün ist das wichtigste Kraut in der thailändischen Küche, das die Speisen perfekt abrundet.

reicht für 4:

1 mittelgroße, küchenfertige Makrele
4 Schalotten
Ingwer (etwa 5 cm)
je 1 rote und grüne große Chilischote
1/2 grüne Mango
2 Limetten
1/2 Bund Minze
1/2 Bund Koriandergrün
100 ml Pflanzenöl
50 g geröstete, zerstoßene Erdnüsse
1 TL fein geriebene Limettenschale
1 Prise Salz
12 Blätter Lollo Verde

dauert: 40 Minuten (plus 1 Stunde ruhen)

Yum Wun San

Glasnudelsalat mit Garnelen

1. Die Mu-Err-Pilze etwa 30 Minuten in Wasser einweichen. Die Glasnudeln etwa 10 Minuten in kaltem Wasser einweichen. Die Tigergarnelen entdarmen, waschen und etwa 10 Sekunden in kochendem gesalzenem Wasser blanchieren. In einem Sieb abtropfen lassen.

2. Die Glasnudeln für etwa 5 Sekunden in kochendes Wasser tauchen und in einem Sieb abtropfen lassen.

3. Die Schalotten abziehen und in feine Scheiben schneiden. Die Frühlingszwiebeln waschen, putzen und in etwa 4 Zentimeter lange, dünne Stücke schneiden.

4. Die Tomaten waschen, halbieren, entkernen und in Streifen schneiden. Das Schweinehackfleisch für 1 Minute in die kochende Brühe geben, mit einem Haarsieb herausnehmen und abtropfen lassen.

5. Den Sellerie entfädeln, waschen und quer in Scheibchen schneiden. Koriander waschen, trockenschwenken, Blättchen abzupfen und fein hacken. Pilze ausdrücken und in Streifen schneiden.

6. Alle vorbereiten Zutaten bis auf den Koriander mit der Yammarinade locker vermengen und nach Belieben mit Limettensaft und Fischsauce abschmecken.

7. Die Salatblätter waschen, trockenschwenken und mit Gurken- und Tomatenscheiben auf einer Platte anrichten. Den Nudelsalat darauf verteilen und mit dem Koriandergrün bestreuen.

reicht für 4:

20 g Mu-Err-Pilze
200 g Glasnudeln (1 Paket)
20 geschälte Tigergarnelen (etwa 300 g)
Salz
2 Schalotten
2 Frühlingszwiebeln
2 Tomaten
60 g Schweinehackfleisch
1/2 l Fleischbrühe
1 Stange Staudensellerie
1/2 Bund Koriandergrün
200 ml Yammarinade (Rezept Seite 30)
Limettensaft
Thai-Fischsauce

für die Garnitur:

4 Blätter Lollo Verde
8 Gurkenscheiben
8 Tomatenscheiben

dauert: 50 Minuten

Tipp

Die Glasnudel ist eine Nudel mit entschlackender Wirkung, wenn man pro Tag etwa 300 Gramm davon verzehrt, sei es im Salat, in der Suppe oder in Kokosmilch.

*< **Am besten schmeckt der Glasnudelsalat ganz frisch zubereitet und noch lauwarm.***

Nicht nur Limettensaft wird in der Thai-Küche verwendet, auch die Blätter sind eine beliebte Zutat als Gewürz.

Salat von grüner Thai-Mango

Yam Mamuang Dib

reicht für 4:

2 grüne Thai-Mangos (Sorte Keaw Sawoy)
1 große rote Chilischote
2 Kaffirlimettenblätter
2 Schalotten
1 Limette

für die Marinade:

2 kleine Thai-Kinu-Chilis
4 EL Limettensaft
1 1/2 EL Thai-Fischsauce
1 EL Palmzucker (oder brauner Zucker)
Salz

für die Garnitur:

2 Salat- oder weiße Kohlblätter
1 EL geröstete, gehackte Cashewnüsse

dauert: 40 Minuten

1. Die Mangos schälen und auf einem Küchenhobel bis zum Kern hin in feine Streifen hobeln. Die Chilischote waschen, entkernen und in lange, dünne Streifen schneiden.

2. Die Kaffirlimettenblätter waschen und in feine Streifen schneiden. Die Schalotten abziehen und in längliche Scheiben schneiden. Die Limette waschen, abtrocknen und die Schale in feinste Streifen schneiden.

3. Für die Marinade die Chilischoten waschen, entkernen und fein hacken. Zusammen mit dem Limettensaft, der Thai-Fischsauce, Palmzucker und Salz gut verrühren.

4. Alle Salatzutaten mit der Marinade in einer Schüssel locker vermengen. Die Salat- oder Kohlblätter waschen und auf einer Servierplatte anrichten. Den Mangosalat darauf setzen und mit den Cashewnüssen bestreuen.

Tipp

Diese fruchtig-herbe Salatkreation wird gern zu gebackenen Vorspeisen serviert. Veredeln Sie den Mangosalat doch auch mal mit kleinen getrockneten Shrimps.

Der Flügelbohnensalat lässt sich gut vorbereiten und eignet sich sehr gut für ein thailändisches Büfett. >

Yum Tua Plu

Flügelbohnen-salat

reicht für 4:

500 g Flügelbohnen (Goabohnen)
Salz
200 g kalter Schweinebraten
3 Schalotten
3 Knoblauchzehen
4 EL Pflanzenöl
2 getrocknete Thai-Chilischoten
2 EL geröstete, zerstoßene Erdnüsse
3 EL Thai-Fischsauce
3 EL Limettensaft
1/2 EL Zucker
6 EL Kokosmilch

für die Garnitur:

12 Blätter Lollo Verde oder Lollo Rosso

dauert: 40 Minuten

1. Die Flügelbohnen putzen und dabei 1 Zentimeter von beiden Enden entfernen. Waschen und 2 Minuten in kochendem Salzwasser blanchieren. Die Bohnen in kaltem Wasser abschrecken und quer in hauchdünne Scheibchen schneiden.

2. Den Schweinebraten in feine Streifen schneiden. Die Schalotten abziehen und ebenfalls in Streifen schneiden. Die Knoblauchzehen abziehen und in Scheibchen schneiden.

3. Schalotten und Knoblauch separat goldgelb in Pflanzenöl braten. Kurz abkühlen lassen. Die getrockneten Chilischoten in einer ungefetteten Pfanne kurz rösten, herausnehmen und fein hacken.

4. Alle vorbereiteten Zutaten in einer Schüssel locker vermengen. Mit Erdnüssen, Thai-Fischsauce, Limettensaft, Zucker und Kokosmilch pikant anmachen. Den Flügelbohnensalat auf einer Garnitur von Salatblättern hübsch anrichten.

Salat vom gegrillten Rindersteak

Yum Nua Yarng

reicht für 4:

2 Rinderlendensteaks (insgesamt etwa 400 g, ohne Fett und Sehnen)
2 EL Pflanzenöl
1 Tomate
1/2 Zwiebel
2 Schalotten
1/4 Salatgurke
1 große Chilischote

für die Marinade:

1 Knoblauchzehe
3 kleine Thai-Chilis
4–5 Minzeblättchen
2 EL Thai-Fischsauce
3 EL Limettensaft
1 Prise Zucker
Salz

für die Garnitur:

1/2 Bund Koriandergrün
4 Salatblätter

dauert: 40 Minuten

1. Die Steaks ungewürzt auf beiden Seiten etwa 3 Minuten im heißen Pflanzenöl braten. Herausnehmen und 5 Minuten ruhen lassen.

2. Die Tomate waschen, halbieren, entkernen und in Streifen schneiden. Die Zwiebel und die Schalotten abziehen und in 2 Millimeter dicke Scheiben schneiden. Die Salatgurke waschen, längs halbieren, entkernen und ebenfalls in 2 Millimeter dicke Scheiben schneiden. Die Chilischote waschen, entkernen und in sehr feine Streifen schneiden.

3. Für die Marinade die Knoblauchzehe abziehen und fein hacken. Chilis waschen, entkernen und mit der Minze hacken. Knoblauch, Chilis und Minze mit Thai-Fischsauce und Limettensaft verrühren. Mit Zucker und Salz abschmecken.

4. Die Steaks in etwa 1/2 Zentimeter dicke Streifen schneiden. Zusammen mit den vorbereiteten Salatzutaten und der Marinade in einer Schüssel locker vermengen.

5. Den Koriander waschen, trockenschwenken, Blättchen von den Stielen zupfen und fein hacken. Die Salatblätter waschen, trockenschwenken und auf einer Servierplatte anrichten. Den Rindersalat darauf verteilen und mit dem Koriandergrün garnieren.

Tipp

Für diesen herzhaften Salat können Sie statt der Rindersteaks auch sehr gut zartes Lamm- oder Schweinefleisch verwenden.

∧ ***Limetten bzw. Limonen sind fast doppelt so saftig wie Zitronen. Ihr Saft und die frische Minze geben dem Rindersalat eine ganz besondere Note.***

Sen Mee Nam Nua

Reisnudelsuppe mit Sprossen

1. Die Rinderabschnitte in kochendem Wasser blanchieren, abgießen und in kaltem Wasser so lange wässern, bis das Wasser klar bleibt. Rettich und Koriander waschen und mit dem Knoblauch grob zerschneiden. Zusammen mit den Rinderabschnitten, Zimt, Sternanis, Pfeffer und Korianderkörnern und 5 Liter kaltem Wasser aufsetzen.

2. Zum Kochen bringen, die Oberfläche abschäumen und in 2 bis 3 Stunden langsam auf etwa 1 Liter Flüssigkeit einkochen lassen.

3. Inzwischen die Einlagen vorbereiten. Die fertige Brühe mit Zucker und Würzsaucen abschmecken und durch ein feines Sieb streichen.

4. Fleisch, Nudeln, Salat und Kohlstreifen in Suppenschalen geben und mit heißer Brühe begießen. Den gebratenen Knoblauch zuletzt auf die Suppe geben und alles mit Sellerieblättern und Frühlingszwiebeln garnieren.

reicht für 4:

1 1/2 kg Rindersehnen, Flechsen, Abschnitte

1/4 Rettich

1 1/2 Bund Stiele und Wurzeln von frischem Koriander

1/4 Knoblauchknolle

1/6 Zimtstange

1 Sternanis

1 EL zerstoßene Pfefferkörner

1 EL Korianderkörner

1 EL Kandiszucker oder brauner Zucker

6 EL helle Sojasauce

1 EL dunkle Sojasauce

3 EL Golden Mountain Sauce

1 EL eingelegte, gesalzene Kohlstreifen (Fertigprodukt)

für die Einlage:

80 g blanchierte blättrig geschnittene Rinderhüfte

120 g blanchierte Reisnudeln

4 blanchierte Blätter Lollo Verde

20 g gewürfelter Knoblauch, gebraten in Pflanzenöl

20 g dünne Selleriestreifen

20 g klein geschnittene Frühlingszwiebeln

dauert: 3 Stunden

Reisnudeln werden aus Reismehl und Wasser hergestellt und sind in den unterschiedlichsten Größen erhältlich.

Hor Mok Pla

Curry Fish Flan

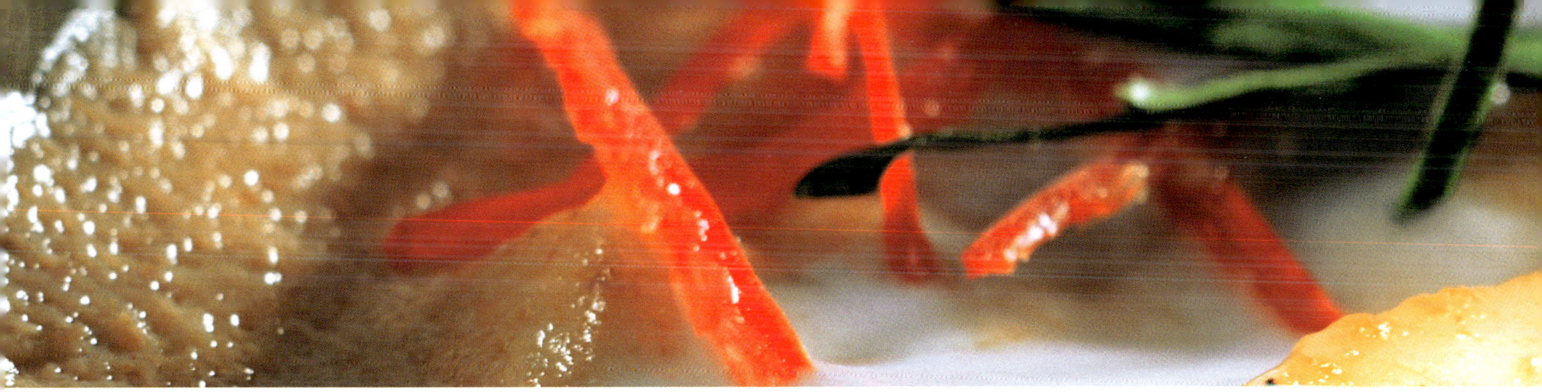

1. Das Kabeljaufilet waschen, trockentupfen und in etwa 2 Zentimeter dicke und 4 Zentimeter lange Streifen schneiden. Die Chilischote waschen, entkernen und in Streifen schneiden. Die Kaffirlimettenblätter waschen und in feinste Streifen schneiden.

2. Kokosmilch mit Currypaste, Ei, Eigelb, Thai-Fischsauce, Salz und Zucker gut verquirlen. Die Fischstreifen darunter mengen.

3. Die Holapa-Basilikumblätter sowie die Hälfte der Kaffirlimettenblätter auf den Böden der Bananenblattkörbchen verteilen.

4. Die marinierten Fischstreifen auf etwa 3/4 Höhe der Bananenblattschälchen füllen. In einem größeren Topf Wasser aufkochen und die Bananenblattkörbchen in einen dafür geeigneten Einsatz, wie etwa ein Dämpfkörbchen, setzen. (Keinen Dampfdruckgarer verwenden!) Etwa 10 Minuten garen.

5. Je 3 Bananenblattkörbchen auf einem Teller anrichten. Mit restlichen Kaffirlimettenblätterstreifen, Chilistreifen und je 1 Klecks Kokosmilch garnieren.

reicht für 4:

250 g Kabeljaufilet (1/2 Filet)

1/2 große rote Chilischote

3 Kaffirlimettenblätter

250 ml Kokosmilch

1 EL rote Thai-Currypaste

1 Ei (Größe M)

1 Eigelb (Größe M)

3 EL Thai-Fischsauce

1 Prise Salz

1 Prise Zucker

1 Zweig Thai-Holapa-Basilikum

12 gefaltete und mit Zahnstochern befestigte Bananenblattkörbchen

für die Garnitur:

1 rote Chilischote in Streifen

4 EL Kokosmilch

dauert: 35 Minuten

Tipp

Anstelle der Bananenblattkörbchen können Sie auch Portionsschälchen aus Porzellan verwenden. Falls Sie keine Dämpfkörbchen haben, aktivieren Sie doch einfach Mutters Kartoffeldämpfer aus dem Keller.

< Hier isst das Auge mit: ein kulinarisches Highlight für Gäste.

Jasminreis ist ein langkörniger Reis, der schon beim Kochen angenehm blumig duftet. Nach dem Kochen sollte er locker und nicht klebrig sein.

Reissuppe mit Garnelen

Kao Tom Goong

reicht für 4:

1 Stange Staudensellerie
2 Knoblauchzehen
1/2 Bund Koriandergrün
1 l naturbelassene Geflügelbrühe
1/4 TL gemahlener weißer Pfeffer
2 EL Golden Mountain Sauce
4 EL Thai-Fischsauce
2 EL helle Sojasauce
300 g gedämpfter Jasminreis (Rezept Seite 66)
200 g geschältes Shrimps- oder Garnelenfleisch
1 EL eingelegte gesalzene Kohlstreifen (Fertigprodukt)
3 EL Pflanzenöl
Salz

dauert: 30 Minuten

1. Den Staudensellerie entfädeln, waschen und in Streifen schneiden. Die Knoblauchzehen abziehen und fein würfeln. Den Koriander waschen, trockenschwenken und die Blättchen von den Stielen zupfen.

2. Die naturbelassene Geflügelbrühe erhitzen. Sellerie, Pfeffer, Golden Mountain Sauce, Thai-Fischsauce, helle Sojasauce und Reis einrühren. Alles kurz aufkochen lassen.

3. Shrimps- oder Garnelenfleisch hinzufügen und etwa 1/2 Minute aufkochen lassen. Danach die Kohlstreifen einrühren.

4. Das Pflanzenöl in einer Pfanne erhitzen und den Knoblauch darin unter ständigem Rühren knusprig braun braten und erkalten lassen.

5. Die Suppe mit Salz abschmecken und in Schalen verteilen. Knoblauch mit Öl als Würze darüber geben und mit Koriander bestreuen.

Tipps

Diese Suppe ist in Thailand der absolute Frühstücksknaller. Mit etwas Thai-Chilipulver auch bei schwerem Kopf am Morgen danach zu empfehlen. Die Einlage mit Shrimps oder Garnelen lässt sich durch Fisch- oder Fleischstreifen variieren.

Kaffirlimettenblätter und Zitronengras bekommen Sie frisch in gut sortierten Asialäden. >

Tom Yum Goong

Garnelensuppe mit Zitronengras

1. Knoblauchzehen abziehen und mit dem Messerrücken zerdrücken. Galgant schälen und in Scheiben schneiden. Vom Zitronengras 2/3 entfernen und die unteren Drittel zerdrücken.

2. Die Schalotten abziehen und in grobe Stücke schneiden. Die Austernpilze in kochendem Wasser blanchieren und in Streifen schneiden. Die Thai-Chilis waschen und mit dem Messerrücken andrücken.

3. Die Brühe mit Knoblauch, Galgant, Zitronengras, Schalotten, Austernpilzen, Chilis, Limettenblättern, Fischsauce und Limettensaft aufkochen.

4. Die Garnelen hinzufügen und alles nochmals aufkochen. Zuletzt die Chilipaste einrühren. Koriander waschen, trockenschwenken und abzupfen.

5. Die Suppe in vorgewärmte Schalen verteilen und mit Korianderblättchen garnieren.

reicht für 4:

2 Knoblauchzehen
etwa 40 g Galgantwurzel
2 Stängel Zitronengras
2 Schalotten
120 g Austernpilze
8 kleine Thai-Chilis
800 ml naturbelassene Geflügelbrühe
6 Kaffirlimettenblätter
6 EL Thai-Fischsauce
8 EL Limettensaft
250 g geschälte Garnelen
1 EL Chilipaste in Öl (Nam Prik Pao)
1/2 Bund Koriandergrün

dauert: 40 Minuten

Tipps

Falls Ihnen die Suppe zu scharf wird, reduzieren Sie einfach die Anzahl der Chilis. Probieren Sie auch die nordisch-thailändische Variante mit Lachs – schmeckt köstlich.

Kokosmilchsuppe mit Hühnchen

Tom Kar Gai

reicht für 4:

1 große enthäutete Geflügelbrust
1 Knoblauchzehe
150 g Austernpilze
2 Schalotten
5 cm Galgantwurzel
1 Stängel Zitronengras
4 Kaffirlimettenblätter
3 Limetten
500 ml Kokosmilch
200 ml Geflügelbrühe (Instant)
6 EL Thai-Fischsauce
1 Prise Salz

für die Garnitur:

1 rote Chilischote
1 EL Korianderblättchen

dauert: 40 Minuten

Bei dieser Suppe werden die Pilze und das Hühnerfleisch gegessen. Die restlichen Zutaten schwimmen nur als Geschmacksgeber in der Suppe. Man könnte auch die Suppe erst durch ein Sieb streichen und dann Austernpilze sowie Geflügelstreifen zugeben.

1. Die Geflügelbrust in etwa 1 Zentimeter dicke und 4 Zentimeter lange Streifen schneiden. Die Knoblauchzehe abziehen und mit dem Messerrücken zerdrücken. Die Austernpilze putzen und in grobe Stücke schneiden. Die Schalotten abziehen und in hauchdünne Scheiben schneiden oder hobeln.

2. Die Galgantwurzel säubern und quer in etwa 3 Millimeter dünne Scheiben schneiden. Das Zitronengras putzen, mit dem Messerrücken gut anschlagen oder zerdrücken und in 3 Zentimeter lange Stücke schneiden. Die Kaffirlimettenblätter waschen. Limetten auspressen.

3. In einem Topf Kokosmilch, Geflügelbrühe und Limettensaft verrühren. Mit Knoblauch, Austernpilzen, Schalotten, Galgant, Zitronengras und Kaffirlimettenblättern aufkochen. Bei mittlerer Hitze etwa 10 Minuten offen kochen lassen. Mit Thai-Fischsauce und Salz abschmecken.

4. Die Chilischote waschen und in Streifen schneiden. Die Hühnerfleischstreifen in die Suppe geben, nochmals aufkochen, mit Koriander sowie Chilistreifen garnieren und sofort servieren.

∧ Zitronengras wird nicht mitgegessen, sondern gibt den Speisen eine angenehm zitronige Note.

Geang Liang Fak Tong

Kürbis-Kokos-Suppe

reicht für 4:

500 g geschältes Kürbisfruchtfleisch (Thai Fak Tong oder Muskatkürbis)

je 1 rote und grüne große Chilischote

2 Schalotten

1 Limette

400 ml Kokosmilch

200 ml Gemüsebrühe

2 EL getrocknete kleine Shrimps

1/2 EL Thai-Shrimpspaste (Gabbi)

1 Prise Salz

4 Thai-Holapa-Basilikumkronen

dauert: 40 Minuten

1. Das Kürbisfruchtfleisch grob würfeln. Die Chilischoten waschen, entkernen und in schmale Streifen schneiden. Die Schalotten abziehen und in Scheiben schneiden. Die Limette halbieren unnd auspressen.

2. Kürbis, Chilis und Schalotten mit Kokosmilch, Gemüsebrühe, Limettensaft, Shrimps und Shrimpspaste in einem Topf verrühren und aufkochen. 15 Minuten leise kochen lassen, salzen und mit Holapa-Basilikum garnieren.

Statt mit Kürbis können Sie die Kokossuppe auch mit anderem Gemüse zubereiten. Besonders eignen sich Brokkoliröschen, Möhren, Zuckerschoten und Frühlingszwiebeln.

Thai-Snacks Fingerfood

Von der Hand in den Mund

Die Thailänder sind nicht nur Meister im Kochen, sondern verstehen es auch hervorragend, Speisen kunstvoll anzurichten. Verführerische Kleinigkeiten werden perfekt in Szene gesetzt – und das ist auch für Sie gar nicht so schwierig.

Sesamsamen sind sehr fettreich und können in einer Pfanne ohne zusätzliches Fett goldbraun geröstet werden.

Pendanushühnchen mit Sesamdip

Gai Hor Bai Toy

reicht für 4:

600 g Hühnchenschenkel und -brüste
20 Pendanusblätter
1 l Pflanzenöl

für die Marinade:

2 EL helle Thai-Sauce
2 EL Austernsauce
1 TL Zucker
1 TL Sesamöl
1 TL feinst gehackter Koriander
1 TL feinst gehackter Knoblauch

für den Sesamdip:

100 ml weißer Thai-Essig
3 EL Zucker
2 EL dunkle Thai-Sojasauce
Salz
1 TL geröstete Sesamsamen

dauert: 50 Minuten (plus 2 Stunden marinieren)

1. Die Hähnchenteile in etwa 20 gulaschgroße Stücke schneiden. Die Pendanusblätter waschen und mit Küchenpapier trockentupfen.

2. Die Zutaten für die Marinade verrühren. Die Hühnchenfleischstücke in die Marinade geben und etwa 2 Stunden ziehen lassen.

3. Für den Sesamdip Essig, Zucker, Sojasauce und Salz aufkochen. Erkalten lassen. In Schälchen verteilen und mit Sesamsamen garnieren.

4. Je 1 Hühnchenfleischstück auf ein Pendanusblatt setzen und die beidseitigen Blattausläufer als Schleife binden. Die Endstücke mit einer Schere schräg abschneiden.

5. Das Pflanzenöl auf etwa 180 °C heiß siedend erhitzen und die Hühnchenteile darin portionsweise in etwa 3 Minuten frittieren. Auf Küchenpapier abtropfen lassen. Mit dem Sesamdip servieren.

Tipp

Die Pendanusblätter werden nicht mitgegessen, sondern dienen als Geschmacksgeber und schützen das Gargut. Pendanusblätter oder Schraubenpalmblätter erhalten Sie in guten Asialäden.

Die gebackenen Hühnchenflügel sind ein bei Groß und Klein beliebtes Fingerfood. >

Pic Gai Thord

Gebackene Hühnchenflügel

1. Die Geflügelteile waschen, mit Küchenpapier trockentupfen und an den Gelenkteilen auseinander brechen.

2. Die Zutaten für die Marinade mit 100 Milliliter Wasser verrühren. Die Hühnchenflügel in dieser Gewürzmehlmarinade etwa 1 Stunde ziehen lassen.

3. Das Pflanzenöl auf etwa 180 °C heiß siedend erhitzen. Die Hühnchenteile einzeln aus der Marinade nehmen und im heißen Fett in etwa 4 Minuten ausbacken.

4. Die knusprigen Hühnchenflügel auf Küchenpapier abtropfen lassen und mit der Sweet Chili Sauce servieren.

reicht für 4 (pro Person 6 Stück):

12 Hühnchen- oder Poulardenflügel

für die Marinade:

3 EL helle Thai-Sojasauce

2 EL Golden Mountain Sauce

1/2 TL Salz

1/2 TL Zucker

2 Prisen frisch gemahlener Pfeffer

4 EL Mehl

1/2 EL Speisestärke

zum Frittieren:

1 1/2 l Pflanzenöl

zum Dippen:

Sweet Chili Sauce for Chicken (Fertigprodukt)

dauert: 30 Minuten (plus 1 Stunde marinieren)

Tipps

So stellen Sie die richtige Ausbacktemperatur auch ohne Fritteuse fest: Einfach ein Stück Kartoffel in das heiße Ölbad geben. Bei beginnender Bräunung können Sie die Hühnchenflügel hineingeben. Statt Hühnchenflügel können Sie auch geschälte Garnelen verwenden.

Das Zitronengras wird nicht mitgegessen – es dient in diesem Fall nur als Frittierschutz.

Hühnerbrust im Zitronengras

Gai Thord Takrai

reicht für 4:

20 Stängel Zitronengras
1 Knoblauchzehe
2 Hühnerbrüste ohne Haut und Knochen
1/2 EL Austernsauce
2 EL helle Sojasauce
1/2 TL Zucker

zum Frittieren:
1 l Pflanzenöl

dauert: 40 Minuten

1. Das Zitronengras waschen und je 3 bis 4 Zentimeter vom unteren Teil des Zitronengrases abschneiden. Diese Teile fein hacken. Die äußeren 3 Blätter von jedem Zitronengrasstängel abtrennen.

2. Die Knoblauchzehe abziehen und fein würfeln. Die Hühnerbrüste in 2 Zentimeter breite und 6 Zentimeter lange Stücke schneiden. Das Hühnchenfleisch mit Austernsauce, Sojasauce, Zucker, Knoblauch und dem gehackten Zitronengras marinieren.

3. Die verbliebenen Zitronengrasstängel mit einem sehr scharfen Messer längs etwa 10 Zentimeter tief einschneiden und die marinierten Hühnerfleischstreifen in die Zitronengrashälften einklemmen.

4. Mit den abgetrennten Zitronengrasblättern die Hühnchenstreifen fest umwickeln. Das Pflanzenöl auf 180 °C heiß siedend erhitzen und die Hühnchenpakete darin etwa 3 Minuten frittieren. Auf Küchenpapier abtropfen lassen und heiß servieren.

Tipp

Zum Servieren können Sie dieselben Saucen wie für die Satayspieße (Rezept Seite 24/25) verwenden.

Die Schärfe von Chili kann man recht gut dosieren: Am schärfsten sind die Kerne und Trennwände, die man nach Bedarf entfernen kann. >

Thord Gab Nam Jim Sriracha

Thai-Party-würstchen

1. Die Chilischoten waschen, jede Schote der Länge nach viermal einschneiden. Die geschnittenen Segmente schräg auf beiden Seiten 1 bis 2 Millimeter einschneiden. Für etwa 10 Minuten in Eiswasser legen, so dass ein blütenähnliches Gebilde entsteht.

2. Die Bananenblätter mit einem runden Teller, der als Schablone dient, zu runden Scheiben ausschneiden.

3. Das Pflanzenöl auf etwa 180 °C heiß siedend erhitzen.

4. Jedes Frankfurter Würstchen quer dritteln. Jedes Wurstdrittel an beiden Enden mit einem Messer kreuzweise 2 Zentimeter einschneiden.

5. Die Würstchen im heißen Fett etwa 2 Minuten frittieren. Kurz auf Küchenpapier abtropfen lassen und auf den Bananenblättern anrichten. Mit den Chiliblüten arrangieren. Je 2 Esslöffel Sriracha Chili Sauce in ein Dipschälchen geben und dazu servieren.

reicht für 4:

4 große rote Chilischoten

4 Bananenblätter (Durchmesser 20 cm)

1 l Pflanzenöl

4 Paar Frankfurter Würstchen

zum Dippen:

Sriracha Chili Sauce (Fertigprodukt)

dauert: 30 Minuten

Tipp

Chilischoten gibt es in verschiedenen Größen, Farben und Formen, wobei sich die einzelnen Exemplare auch in ihrem Schärfegrad stark unterscheiden. Ihr Gemüsehändler wird Sie da sicher beraten. Am besten finden Sie aber selbst heraus, wie viel Schärfe Sie sich zumuten können.

Poh Piard Tord

Frühlingsrollen mit Pflaumensauce

1. Die Glasnudeln in kaltem Wasser einweichen. In etwa 4 Zentimeter Länge schneiden, aus dem Wasser nehmen und gut ausdrücken. Die Pilze waschen, in Wasser einweichen, fest ausdrücken und in Streifen schneiden.

2. Die Sojabohnensprossen blanchieren und gut abtropfen lassen. Die Knoblauchzehe abziehen und fein würfeln. Die Möhre schälen und in feine Streifen schneiden.

3. Das Hühnchenfleisch sehr fein hacken. Das Pflanzenöl im Wok oder in einer großen Pfanne erhitzen. Unter ständigem Rühren Hühnchenfleisch, Möhre, Glasnudeln, Sojasprossen, Knoblauch und Mu-Err Pilze andünsten.

4. Alles mit Thai-Fischsauce, Golden Mountain Sauce, Zucker und Pfeffer würzen.

5. Den Wokinhalt auf einem Backblech großzügig zum Abkühlen verteilen.

6. Jedes Blatt Frühlingsrollenhaut in 4 Teile schneiden. Je 1 Teelöffel Füllung in die Mitte geben. Die untere Kante streng über die Füllung ziehen. Linke und rechte Kante zur Mitte einschlagen. Die Schlusskante mit etwas Mehlwasserteig bestreichen und die Rolle fest verschließen. Mit allen Röllchen so verfahren.

7. Das Pflanzenöl auf 180 °C heiß siedend erhitzen und die Frühlingsrollen portionsweise in etwa 4 Minuten ausbacken. Auf einem Küchentuch abtropfen lassen und Pflaumensauce dazu servieren.

Tipp

Etwas fein geriebenen Rettich in die Pflaumensauce geben – macht den Dip perfekt.

reicht für 4
(pro Person 5 Stück):

100 g Glasnudeln
50 g getrocknete Mu-Err-Pilze
100 g frische Sojabohnensprossen
1 Knoblauchzehe
1/2 mittlere Möhre
50 g Hühnchenbrust
4 EL Pflanzenöl
2 EL Thai-Fischsauce
1 EL Golden Mountain Sauce
1/2 EL Zucker
1/2 TL gemahlener Pfeffer
5 Blatt Frühlingsrollenhaut (tiefgekühlt)
2 EL Mehlwasserteig (1 EL Mehl mit 1 1/2 EL Wasser verrührt)

zum Frittieren:
2 l Pflanzenöl

zum Dippen:
thailändische Pflaumensauce (Fertigprodukt)

dauert: 50 Minuten (plus 30 Minuten kühlen)

< In der knusprigen Frühlingsrollenhaut verbirgt sich eine Füllung aus Glasnudeln, Mu-Err-Pilzen, Sojasprossen und Hühnchenfleisch.

Durch die Zugabe von Kurkuma wird aus einem einfachen Mürbeteig eine exotische Köstlichkeit.

Halbmond-pastetchen

Kari Paff

reicht für 4 (pro Person 4 Stück):

für den Teig:
- 250 g Mehl
- 125 g kalte Butter in Stückchen
- 1/2 TL gemahlener Kurkuma

für die Füllung:
- 1 kleine Zwiebel
- 1 Knoblauchzehe
- 1 kleine Kartoffel
- 1 enthäutete Hühnerbrust ohne Knochen
- 5 EL Pflanzenöl
- 1/2 EL gelbe Currypaste
- 1/2 TL indisches Currypulver
- 1 Messerspitze Chilipulver
- Salz
- frisch gemahlener Pfeffer

außerdem:
- Mehl für die Arbeitsfläche
- 1 Ei (Größe L)
- 1 l Pflanzenöl

dauert: 40 Minuten

1. Mehl, Butter, 5 Esslöffel kaltes Wasser sowie Kurkuma zu einem Teig kneten. Einen Kloß formen, in Folie hüllen und für 20 Minuten in den Kühlschrank legen.

2. Inzwischen für die Füllung Zwiebel und Knoblauchzehe abziehen und fein würfeln. Die Kartoffel schälen und in kleine Würfel schneiden.

3. Die Hühnerbrust fein hacken. Das Pflanzenöl in einer Pfanne erhitzen und Zwiebel- und Knoblauchwürfel dünsten. Kartoffel, Fleisch, Currypaste, Currypulver und Chilipulver einrühren.

4. Alles mit einer Tasse Wasser ablöschen und so lange offen kochen lassen, bis die Flüssigkeit verdampft ist. Mit Salz und Pfeffer würzen. Den Pfanneninhalt auf einem Teller abkühlen lassen.

5. Den Teig auf einer bemehlten Arbeitsfläche etwa 2 Millimeter dick ausrollen. Mit einer Tasse oder einem Ausstecher 16 Kreise von 8 Zentimeter Durchmesser ausstechen.

6. Die Teigscheiben mit verquirltem Ei bestreichen und auf eine Hälfte die Füllung geben. Die leere Teighälfte über die Füllung schlagen und die Seiten gut andrücken.

7. Das Pflanzenöl auf etwa 160 °C erhitzen und die Halbmonde in 3 bis 4 Minuten knusprig ausbacken.

Das perfekte Fingerfood: Garnelen und Schweinefleisch köstlich umhüllt. >

Wanton Thord Krob

Gebackene Teigsäckchen

1. Den Koriander waschen, trockenschwenken, Blättchen von den Stielen zupfen und fein hacken. Knoblauchzehe abziehen und fein würfeln. Die Garnelen entdarmen, unter fließendem kaltem Wasser waschen und mit Küchenpapier trockentupfen.

2. Garnelen und Schweinefleisch mit einem Wiegemesser sehr fein hacken. Zusammen mit den anderen Zutaten vermengen und für 1 Stunde ruhen lassen.

3. Die Wantonblätter auslegen und vorsichtig mit etwas Wasser bepinseln. Die Füllung mit einem Teelöffel in die Mitte der Teigblätter geben und jedes zu einem Säckchen zusammenfalten. Mit den Fingerspitzen zusammendrücken.

4. Das Öl auf etwa 180 °C erhitzen. Die Wanton-Teigsäckchen portionsweise darin in etwa 2 Minuten knusprig ausbacken. Auf einem Küchentuch abtropfen lassen. Mit Pflaumensauce servieren.

reicht für 4:

1 Bund Koriandergrün
1 Knoblauchzehe
150 g geschälte Garnelen
150 g Schweinenackenfleisch
2 EL Thai-Fischsauce
1 TL gemahlener weißer Pfeffer
1 Prise Zucker
Salz
1 EL helle Thai-Sojasauce
32 Wantonblätter (10 x 10 Zentimeter, tiefgekühlt)

zum Frittieren:

1 1/2 l Pflanzenöl

zum Dippen:

thailändische Pflaumensauce (Fertigprodukt)

dauert: 50 Minuten (plus 1 Stunde ruhen)

Frische Garnelen sollten einen festen Körper haben und nur leicht nach Fisch riechen.

Garnelen im Nudelkleid

Gung Sarong

reicht für 4:

16 Garnelen mit Kopf und Schale
2 Knoblauchzehen
1 EL Austernsauce
1 TL Zucker
1/2 TL Salz
1 Prise Pfeffer
1 EL helle Thai-Sojasauce
16 Schaschlikspieße
100 g gekochte Bamee-Nudeln (oder Spaghetti)
1 l Pflanzenöl

zum Dippen:

thailändische Pflaumensauce (Fertigprodukt)

dauert: 40 Minuten

1. Die Garnelen am Rücken entlang einschneiden und entdarmen. Unter fließendem kaltem Wasser waschen und mit Küchenpapier trockentupfen. Die Knoblauchzehen abziehen und fein würfeln.

2. Die Garnelen mit Knoblauch, Austernsauce, Zucker, Salz, Pfeffer und Sojasauce würzen. Je 1 Garnele vom Schwanz bis zum Kopf auf einen Spieß stecken, damit die Garnele eine schöne, gerade Form erhält.

3. Den geschälten Teil des Garnelenschwanzes mit den Nudeln umwickeln. Das Pflanzenöl auf 180 °C heiß siedend erhitzen und die Garnelen portionsweise in etwa 3 Minuten ausbacken. Auf Küchenpapier abtropfen lassen.

4. Die Pflaumensauce in vier Schälchen verteilen und je 4 Garnelenspieße auf einem Teller anrichten.

Tipp

Frittierte Garnelenschwänze können auch nach einiger Zeit nochmals bei 180 °C für etwa 2 Minuten im Backofen aufgebacken werden. Wenn Sie die Marinade mit einer Prise Backpulver verrühren, wird das Garnelenfleisch noch knuspriger.

Ganz frisch aus der Fritteuse oder Pfanne schmecken die Garnelenküchlein am besten. Ansonsten können sie gut im Backofen warm gehalten werden. >

Thord Man Gung

Gebackene Garnelenküchlein

1. Die Garnelen entdarmen, unter kaltem Wasser waschen und mit Küchenpapier trockentupfen. Garnelen, Schweinespeck, Speisestärke, Ei, Salz, Zucker und Fischsauce im Küchenmixer in etwa 1 Minute zu einer glatten, leicht zähen Masse verarbeiten.

2. Den Teig mit feuchten Händen zu Laibchen von etwa 5 Zentimeter Länge formen und in Paniermehl wenden. Das Pflanzenöl auf 180 °C erhitzen und die Garnelenküchlein in etwa 3 Minuten goldgelb backen. Auf Küchenpapier abtropfen lassen.

reicht für 4 (pro Person 5 Stück):

400 g geschälte Garnelen

100 g Schweinenackenspeck (vom Metzger durch den Wolf treiben lassen)

1 EL Speisestärke

1 Ei

1/2 TL Salz

1/2 TL Zucker

2 EL Thai-Fischsauce

150 g helles Paniermehl

zum Frittieren:

1 1/2 l Pflanzenöl

dauert: 30 Minuten

Tipps

Schalotten-, Gurken- und Chilikondiment wie für die Satayspieße auf Seite 24/25 mit etwas gehackten Erdnüssen dazu servieren. Panieren Sie die Garnelenküchlein doch auch mal mit Sesamkörnern. Oder wenden Sie sie erst in verquirltem Eiweiß und dann in Paniermehl. Wenn Sie keine Fritteuse besitzen, so backen Sie die Garnelenküchlein in der Bratpfanne aus, ähnlich einem Wiener Schnitzel.

Tord Man Pla

Gebackene Fischküchlein

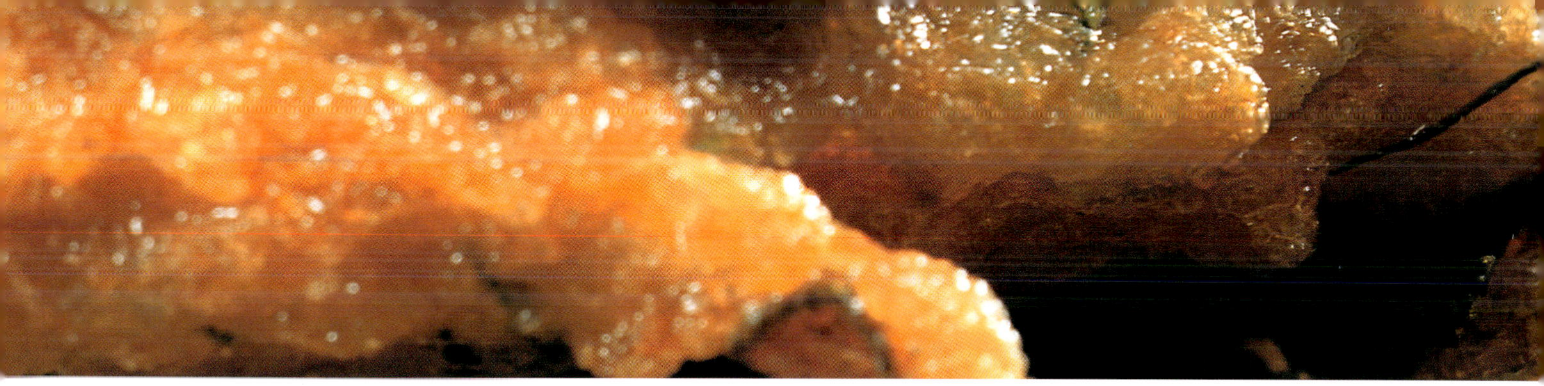

1. Das Fischfilet klein würfeln und im Küchenmixer fein pürieren. Die Schlangenbohnen waschen, putzen und in feinste Scheibchen schneiden.

2. Die Kaffirlimettenblätter waschen und in sehr dünne Streifen schneiden. Fischpüree mit Bohnen, Limettenblätterstreifen, Currypaste, Thai-Fischsauce, Eiern und Tapiokamehl vermengen. Mit Salz und Zucker würzen und etwa 5 Minuten verrühren.

3. Den Teig mit geölten Händen zu Laibchen von etwa 4 Zentimeter Durchmesser formen. Das Pflanzenöl auf 180 °C erhitzen und die Fischküchlein darin in 3 Minuten ausbacken. Kurz auf Küchenpapier abtropfen lassen und anrichten.

4. Für den Dip die Salatgurke schälen, entkernen und in Scheibchen schneiden. Schalotte abziehen und in dünne Streifen schneiden.

5. Die Chilis waschen, entkernen und fein würfeln. Zusammen mit Gurke, Schalotte, Essig und Zuckersirup marinieren. In Schälchen verteilen und mit den Erdnüssen garnieren.

reicht für 4:

300 g gehäutetes Snapperfilet

2 thailändische Schlangenbohnen

6 Kaffirlimettenblätter

1 EL rote Currypaste

1 EL Thai-Fischsauce

2 Eier (Größe M)

2 EL Tapiokamehl (ersatzweise Mais- oder Weizenstärkemehl)

Salz

1 Prise Zucker

zum Frittieren:

1 l Pflanzenöl

für den Dip:

50 g Salatgurke

1 kleine Schalotte

2 frische rote Chilischoten

2 EL weißer Reisessig

2 EL Zuckersirup

1 EL gehackte, geröstete, ungesalzene Erdnüsse

dauert: 40 Minuten

Tipp

Die fertigen Fischküchlein können im vorgeheizten Backofen bei etwa 160 °C in etwa 3 Minuten nochmal hervorragend aufgebacken werden.

*< **Die gebackenen Fischküchlein können auch mit einem anderen exotischen Dip serviert werden, z. B. mit Sriracha Chili Sauce.***

Raffinierte Dips aus wenigen Zutaten sind ein Muss in der Thai-Küche.

Gebackene Maisküchlein

Thord Man Kao Pod

reicht für 4:

2 Knoblauchzehen
400 g Mais (Dose)
1 Ei
2 EL Mehl
1/2 EL Speisestärke
1/2 TL Salz
frisch gemahlener Pfeffer
200 g Salatgurke
2 Schalotten
1/2 rote Chilischote
4 cl weißer Thai-Essig
4 cl Zuckersirup
zum Frittieren:
1 1/2 l Pflanzenöl

dauert: 40 Minuten

1. Die Knoblauchzehen abziehen und fein würfeln. Den Mais in ein Sieb abgießen und auf Küchenpapier abtropfen lassen. Die Hälfte davon mit dem Ei im Küchenmixer für etwa 30 Sekunden verquirlen.

2. Diese Mischung mit Knoblauch, restlichen Maiskörnern, Mehl und Speisestärke vermengen. Mit Salz und Pfeffer würzen.

3. Die Gurke waschen, längs halbieren und entkernen. Die Gurkenhälften längs dritteln und quer in hauchdünne Scheiben schneiden.

4. Die Schalotten abziehen und der Länge nach in hauchdünne Scheiben schneiden. Chilischote waschen, entkernen und in dünne Streifen schneiden.

5. Gurken, Schalotten und Chili mit Essig und Zuckersirup verrühren. Den kleinen Salat auf vier Schälchen verteilen.

6. Das Pflanzenöl auf 180 °C heiß siedend erhitzen. Aus dem Maisteig mit einem Esslöffel Maisküchlein abstechen und portionsweise im Fett ausbacken. Auf Küchenpapier abtropfen lassen.

Poh Piah Sawoy

Gefülltes Knusperkarussell

1. Das Geflügelfleisch und die Garnelen fein hacken. Koriander waschen, trockenschwenken, Blättchen abzupfen und fein hacken. Mit Fischsauce, Sojasauce, Zucker, Salz, Pfeffer und Speisestärke vermengen.

2. Jedes Blatt Frühlingsrollenteig mit einem Teller von 28 Zentimeter Durchmesser rund ausschneiden. 4 Scheiben mit der Füllmasse dünn bestreichen und mit den übrigen 4 Scheiben bedecken.

3. Im heißen Fett in einer großen Pfanne portionsweise die Thai-Pizzen von jeder Seite 2 Minuten backen. Mit einem breiten Kuchenspatel die knusprigen Teigscheiben herausnehmen und auf Küchenpapier abtropfen lassen.

reicht für 4:

200 g Geflügelfleisch
200 g geschälte Garnelen
1/2 Bund Koriandergrün
3 EL Thai-Fischsauce
2 EL helle Sojasauce
1 TL Zucker
1 Prise Salz
1/2 TL gemahlener Pfeffer
1 EL Speisestärke
8 Blätter Frühlingsrollenteig (tiefgekühlt)
1/2 l Pflanzenöl

dauert: 40 Minuten

Knusprige Pizza à la Thai, gefüllt mit Geflügel und Garnelen.

Zum Kochen sollten Sie unbedingt ungesüßte Kokosmilch verwenden. Gesüßte eignet sich nur für exotische Cocktails.

Raffinierte Reisplätzchen

Kao Tang Natang

reicht für 4 (pro Person 6 Stück):

1 Schalotte
2 Knoblauchzehen
100 g geschälte Garnelen
4 EL Pflanzenöl
150 g Schweinehackfleisch
300 ml Kokosmilch
1 EL Zucker
2 EL Thai-Fischsauce
Salz
frisch gemahlener Pfeffer
24 rohe Klebreisplätzchen
zum Frittieren:
1 l Pflanzenöl

dauert: 40 Minuten

1. Schalotte und Knoblauchzehen abziehen und fein würfeln. Garnelen entdarmen, unter fließend kaltem Wasser waschen und mit Küchenpapier trockentupfen. Garnelenfleisch mit einem Wiegemesser fein zerkleinern.

2. Das Pflanzenöl in einer hohen Pfanne erhitzen und Schalotten- und Knoblauchwürfel andünsten. Garnelen und Schweinehackfleisch kurz mitbraten und mit Kokosmilch aufgießen.

3. Zucker, Fischsauce, Salz und Pfeffer einrühren und alles bei geringer Hitze 10 Minuten kochen lassen. Zum Frittieren das Pflanzenöl auf 180 °C heiß siedend erhitzen. Die Reisplätzchen portionsweise darin etwa 1 Minute ausbacken.

4. Die Plätzchen herausnehmen und auf Küchenpapier abtropfen lassen. Die Sauce in Schälchen füllen und die Reisplätzchen auf einer Servierplatte rundherum anrichten.

Knoblauch, Koriander und Fischsauce geben den Fleischbällchen den richtigen Pfiff. >

Mu Pan Kon Thord

Gebratene Schweinefleischbällchen

1. Knoblauchzehen abziehen und fein würfeln. Koriander waschen, trockenschwenken, Blättchen von den Stielen zupfen und fein hacken.

2. Auf einem Schneidebrett das Schweinehackfleisch mit Knoblauch, Koriander, Backpulver, Fischsauce, Salz, Pfeffer und 3 Esslöffeln Wasser vermengen und zusammen verhacken. Die Fleischmasse etwa 10 Minuten ruhen lassen.

3. Aus dem Fleischteig Bällchen formen. Das Pflanzenöl auf etwa 160 °C erhitzen. Die Bällchen portionsweise knusprig ausbacken.

4. Die Fleischbällchen auf Küchenpapier abtropfen lassen und mit der Sriracha Chili Sauce servieren.

reicht für 4:

3 Knoblauchzehen

1 kleines Bund Koriandergrün

500 g feinstes Schweinehackfleisch

1/2 Päckchen Backpulver

2 EL Thai-Fischsauce

Salz

frisch gemahlener Pfeffer

1 l Pflanzenöl

zum Dippen:

Sriracha Chili Sauce (Fertigprodukt)

dauert: 40 Minuten

Tipp

Sieht hübsch aus und wirkt besonders exotisch: Garnieren Sie die Schweinefleischbällchen mit Ananasstücken und Frühlingszwiebeln.

Knusprig und zart
Wok & Grill
Gebratenes und Gegrilltes für alle Gelegenheiten

Fleisch, Fisch oder Meeresfrüchte, gegrillt, gebraten oder gedämpft, mit verführerischen Gewürzen zubereitet und immer in Kombination mit asiatischem Duftreis – wer könnte da schon widerstehen? Oder wie wäre es mit einem Curry, das die Thailänder so unnachahmlich zubereiten? Tauchen Sie ein in eine Welt stets neuer Geschmackskompositionen.

Duftreis nennt man besonders aromatische Reissorten, beispielsweise Jasmin- oder Basmatireis.

Gebratener Duftreis mit Hühnchen

Kao Pat Gai

reicht für 4:

200 g Hühnerfleisch (ohne Haut und Knochen)
2 Knoblauchzehen
2 Tomaten
1/2 Zwiebel
2 Frühlingszwiebeln
8 EL Pflanzenöl
2 Eier
600 g gekochter Jasminreis (kalt und ausgedämpft)
3 EL Thai-Fischsauce
1/2 EL Zucker
1/2 TL gemahlener weißer Pfeffer
2 EL helle Sojasauce
1/2 EL dunkle Sojasauce
Salz

dauert: 30 Minuten

1. Das Hühnerfleisch in schmale Streifen schneiden. Knoblauchzehen abziehen und fein würfeln. Tomaten waschen, halbieren, entkernen und jede Hälfte in 4 Streifen schneiden.

2. Die Zwiebel abziehen und in dünne Streifen schneiden. Frühlingszwiebeln putzen, halbieren und in etwa 3 Zentimeter lange Stücke schneiden.

3. Das Pflanzenöl im Wok erhitzen und den Knoblauch darin leicht bräunen. Die Eier einschlagen und in der Pfanne verrühren. Die Hühnerfleischstreifen scharf mitbraten.

4. Reis und Zwiebeln hinzufügen und etwa 2 Minuten mit einem Kellenrücken am Wokboden fest andrücken. Alles durchmischen und weiterbraten.

5. Mit Fischsauce, Zucker, Pfeffer, beiden Sojasaucen und Salz würzen. Vor dem Servieren Frühlingszwiebeln und Tomatenstücke untermischen.

Tipp

So wird Jasminreis zubereitet: 1 volle Tasse Jasminreis waschen, abtropfen lassen und in den Reiskocher geben. Mit 1 3/4 Tassen Wasser begießen und auf »Cook« stellen. Den Reis 20 Minuten garen, dann für etwa 10 Minuten zum Nachquellen stehen lassen. Oder den Reis auf herkömmliche Weise im Topf 18 bis 20 Minuten garen.

Currys gibt es in Thailand in den verschiedensten Variationen, hier mit Geflügel und Perlauberginen. >

Geang Keow Wan Gai

Grünes Curry vom Huhn

1. Das Hühnerfleisch in etwa 3 Zentimeter große Würfel schneiden. Chilis waschen, entkernen und in Streifen schneiden. Basilikum waschen, Blättchen in Streifen schneiden. Limettenblätter sowie Perlauberginen waschen und trockentupfen.

2. Das Pflanzenöl im Wok erhitzen und die Currypaste darin anbraten. Zweimal mit Kokosmilch ablöschen.

3. Alle Zutaten bis auf Basilikum und Kokosnusssahne einrühren und etwa 10 Minuten bei mittlerer Hitze offen kochen lassen. Die Hälfte des Basilikums einrühren.

4. Das fertige Curry abschmecken und mit Kokosnusssahne sowie restlichen Basilikumblättern garnieren.

reicht für 4:

450 g Hühnerbrustfleisch
2 rote Thai-Chilis
1/2 Bund Thai-Holapa-Basilikum
6 Kaffirlimettenblätter
100 g Perlauberginen
5 EL Pflanzenöl
3 EL grüne Currypaste
500 ml Kokosmilch
1/4 l Geflügelbrühe
2 EL Thai-Fischsauce

für die Garnitur:

4 EL Kokosnusssahne

dauert: 30 Minuten

Frische Ananas enthält reichlich Vitamin C, Kalium, Magnesium und Folsäure.

Poularde mit süßsaurer Glasur

Gai Preow Wan

reicht für 4:

für die süßsaure Sauce:
etwa 40 g Ingwerwurzel
1 rote Chilischote
2 Knoblauchzehen
100 g Zucker
1 EL Tomatenmark
2 EL Tomatenketchup
3 EL Zitronensaft
2 EL weißer Essig
3 EL Ananassaft
1/2 l Geflügelbrühe
1/2 Limette
Salz

für die Poularde:
1/2 Zwiebel
100 g Salatgurke
1 Tomate
100 g Ananasfruchtfleisch
2 Frühlingszwiebeln
2 kleine Paprikaschoten
500 g Poulardenfleisch (ohne Haut und Knochen)
Salz
frisch gemahlener Pfeffer
2 EL Mehl

zum Frittieren:
1 l Pflanzenöl

dauert: 60 Minuten

1. Ingwer sowie Chilischote waschen und mit der flachen Messerseite anschlagen. Knoblauchzehen nur andrücken.

2. In einem Topf den Zucker so lange rühren, bis er karamellisiert. Tomatenmark und -ketchup hinzufügen, kurz anbräunen und sofort mit Zitronensaft, Essig, Ananassaft und Brühe angießen.

3. Ingwer, Chili und Knoblauch einrühren. Limette ausdrücken, Schale in die Sauce geben und nach 2 Minuten herausnehmen.

4. Alles langsam einkochen, bis etwa 400 Milliliter Flüssigkeit übrig bleiben. Mit Salz würzen. Die Sauce durch ein Sieb streichen.

5. Zwiebel abziehen und grob würfeln. Gurke schälen, entkernen und in 4 Zentimeter lange Stücke schneiden.

6. Die Tomate waschen, entkernen und in Würfel schneiden. Ananas in Würfel schneiden. Frühlingszwiebeln putzen und in 3 Zentimeter lange Stücke schneiden.

7. Die Paprikaschoten waschen, entkernen und in Würfel schneiden. Das Poulardenfleisch ebenfalls würfeln, mit Salz und Pfeffer würzen und mit 4 Esslöffeln Wasser und dem Mehl durchmengen.

8. Das Pflanzenöl auf 180 °C heiß siedend erhitzen. Die Poulardenwürfel portionsweise ausbacken. Auf Küchenpapier abtropfen lassen.

9. Vom Öl etwa 4 Esslöffel in einen Wok geben und das vorbereitete Gemüse darin bei großer Hitze anbraten. Poulardenstücke und die süßsaure Sauce hinzufügen. Alles durchschwenken und sofort servieren.

Sen Lek Pat Prik Nua

Reisnudeln mit Rindfleisch

1. Die Reisnudeln für etwa 2 Stunden in kaltem Wasser einweichen. Die Rinderhüfte waschen und in dünne Streifen schneiden. Die Chilischoten waschen, entkernen und in Streifen schneiden.

2. Die Knoblauchzehe abziehen und fein würfeln. Den Weißkohl waschen, putzen und in etwa 1 Zentimeter breite Streifen schneiden.

3. Das Pflanzenöl im Wok erhitzen und den Knoblauch goldgelb dünsten. Rindfleisch- und Kohlstreifen hinzufügen und unter schnellem Pfannenrühren scharf anbraten.

4. Die Reisnudeln in einem Sieb gut abtropfen lassen und in den Wok geben. Dabei ständig mit der Wokkelle umrühren.

5. Das Ganze mit den beiden Sojasaucen, Thai-Fischsauce, Salz und Pfeffer würzen. Zuletzt die Chilistreifen über das Gericht geben.

reicht für 4:

250 g Thai-Reisnudeln (1 Paket)
200 g Rinderhüfte
2 große rote Chilischoten
1 Knoblauchzehe
1/4 kleiner Weißkohl
5 EL Pflanzenöl
3 EL helle Sojasauce
1/2 EL dunkle Sojasauce
1 EL Thai-Fischsauce
1 Prise Salz
frisch gemahlener Pfeffer

dauert: 40 Minuten (plus 2 Stunden einweichen)

Tipp

Dünne Reisnudeln schmecken auch sehr gut, wenn sie nach dem Einweichen in Erdnussöl goldgelb frittiert werden.

Falls Sie keinen Wok haben, lässt sich dieses Gericht auch in einer großen Pfanne hervorragend zubereiten.

Massaman Nua

Rindfleischcurry mit Lotoskernen

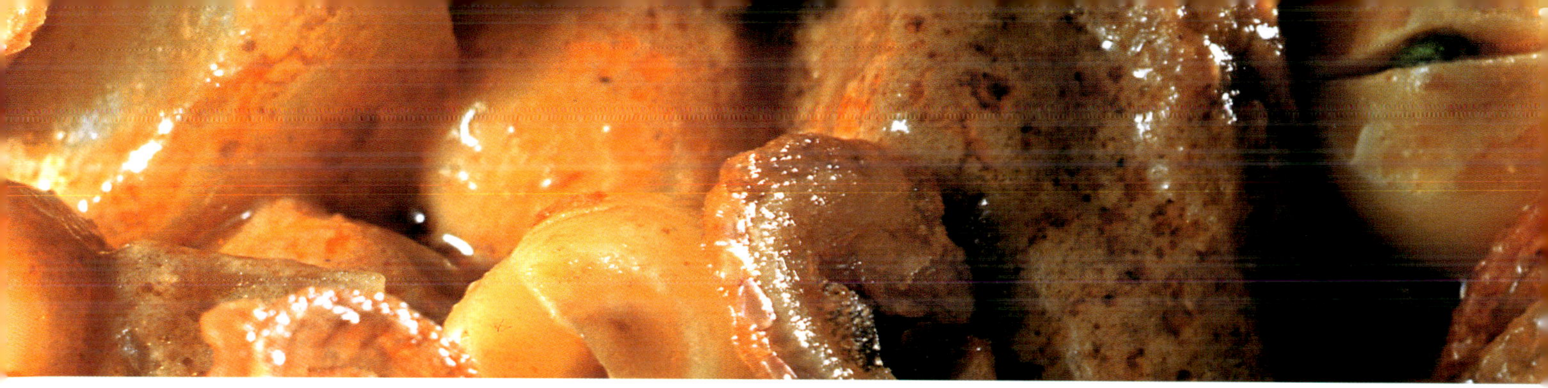

1. Das Rindfleisch in gulaschgroße Würfel schneiden. In einem Wok das Pflanzenöl erhitzen und die Currypaste darin unter ständigem Rühren gut anbraten.

2. Die Paste mit etwas Kokosmilch ablöschen und reduzieren lassen. Diesen Vorgang mehrmals wiederholen.

3. Die Fleischwürfel hinzufügen, kurz anbraten und mit Kokosmilch, Tamarindensaft und Rinderbrühe angießen.

4. Wokinhalt mit Zimtstange, Sternanis, Lotoskernen und Palmzucker verrühren. Bei mittlerer Hitze 90 bis 120 Minuten offen kochen lassen.

5. Kartoffel schälen und Zwiebel abziehen. Beides in grobe Würfel schneiden und dazugeben. Weitere 15 Minuten kochen lassen.

6. Das Curry mit Fischsauce würzen und prüfen, ob das Fleisch weich ist, aber noch Biss hat.

reicht für 4:

800 g Rinderschulter (oder Rinderwadenfleisch)

4 EL Pflanzenöl

2 1/2 EL Massaman-Currypaste

1 l Kokosmilch

100 ml Tamarindensaft (eingeweichte Tamarindenpaste, ausgedrückt und passiert)

800 ml Rinderbrühe

1/4 Zimtstange

3 Sternanis

3 EL Lotoskerne (ersatzweise ungesalzene Erdnüsse)

1 EL Palmzucker (oder brauner Zucker)

1 Kartoffel

1 Zwiebel

6 EL Thai-Fischsauce

dauert: 2 Stunden 30 Minuten

Tipp

Das Curry wird perfekt, wenn Sie es mit gebackenen Schalottenringen garnieren und mit Duftreis (Rezept Seite 66) servieren.

< Dieses Curry ist eine Spezialität der Thai-Moslemen, die im Süden Thailands an der Grenze zu Malaysia wohnen.

Wenn Sie keinen Blattbrokkoli bekommen, können Sie auch normalen Brokkoli verwenden.

Reisnudelflecken mit Brokkoli

Sen Yai Lard Nah Talay

reicht für 4:

200 g Reisnudelflecken (1 Paket)
200 g Meeresfrüchte (tiefgekühlt)
200 g Thai-Blattbrokkoli (1 Bund)
4 EL Pflanzenöl
1 EL dunkle Sojasauce
1 EL Sojabohnenpaste
1/4 l Geflügelbrühe
3 EL Austernsauce
2 EL Thai-Fischsauce
1 EL Speisestärke
Salz, Pfeffer
1 Prise Zucker
1/4 TL gemahlener weißer Pfeffer

dauert: 20 Minuten (plus 2 Stunden einweichen)

1. Die Reisnudelflecken für etwa 2 Stunden in kaltem Wasser einweichen. Die Meeresfrüchte auftauen lassen. Den Thai-Blattbrokkoli putzen.

2. Etwa 2 Esslöffel Pflanzenöl im Wok erhitzen und die Reisnudelflecken darin anbraten. Mit dunkler Sojasauce kurz Farbe geben und in der Mitte eines Serviertellers anrichten.

3. Das restliche Pflanzenöl in den Wok gießen. Sojabohnenpaste einrühren und mit Geflügelbrühe aufgießen. Brokkoli und Meeresfrüchte hinzufügen und alles mit Austernsauce und Thai-Fischsauce würzen.

4. Den Wokinhalt aufkochen lassen und mit in wenig Wasser angerührter Speisestärke abbinden. Mit Salz, Pfeffer und Zucker würzen. Die fertige Meeresfrüchtemischung mit Brokkoli rund um die Reisnudelflecken auf dem Servierteller anrichten und mit weißem Pfeffer bestreuen.

Tipp

Die Einweichzeit kann man verkürzen, wenn die Reisnudelflecken kurz vorher in kochendem Wasser blanchiert und anschließend mit kaltem Wasser abgeschreckt werden.

Das Garnelencurry ist ideal für die schnelle Küche am Abend. >

Geang Kua Gung Sapparod

Garnelencurry mit Duftananas

1. Die Ananas schälen, den Strunk entfernen und das Fruchtfleisch im Küchenmixer pürieren. Die Chilischoten waschen, entkernen und in Streifen schneiden.

2. Das Sojaöl im Wok erhitzen und unter ständigem Rühren die Currypaste bei geringer Hitze anbraten. Mit etwas Kokosmilch ablöschen und reduzieren. Diesen Vorgang nochmals wiederholen.

3. Das Ananaspüree und die restliche Kokosmilch in den Wok gießen. Thai-Fischsauce sowie Palmzucker einrühren und alles 5 Minuten offen kochen lassen.

4. Die Garnelen einrühren, nochmals aufkochen lassen und abschmecken. In vorgewärmte Keramikschalen geben und mit Chili garnieren.

reicht für 4:

1/3 frische Ananas

2 große rote Chilischoten

3 EL Sojaöl (oder Rapsöl)

2 EL rote Currypaste

500 ml Kokosmilch (ca. 1 Dose)

5 EL Thai-Fischsauce

1 1/2 EL Palmzucker (oder brauner Zucker)

400 g geschälte Garnelen

dauert: 20 Minuten

Anstatt Red Snapper können Sie auch eine heimische Fischart, z. B. Waller oder Zander, für dieses Gericht verwenden.

Red Snapper in Ingwer-Soja-Sud

Pla Kapong Deang Nüng Si Uu

reicht für 2:

für den Sud:
3 Knoblauchzehen
1/4 Ingwerwurzel
3 EL Korianderstiele
1/4 l Sojasauce
1/4 l Geflügelbrühe
1 EL Zucker
1 EL Austernsauce
1 küchenfertiger Snapper (etwa 700 g)

zum Servieren:
2 Frühlingszwiebeln
etwa 2 cm Ingwerwurzel
1 große rote Chilischote
1 Bund Koriandergrün
4 EL Sesamöl

dauert: 40 Minuten

1. Knoblauch abziehen und zerdrücken. Ingwer nicht schälen, sondern waschen und leicht andrücken. Korianderstiele waschen und mit der flachen Messerseite andrücken.

2. Knoblauch, Ingwer, Koriander, Sojasauce, Geflügelbrühe, Zucker und Austernsauce in einem breiten Topf oder Wok aufkochen. Hitze reduzieren und den Snapper einlegen. Mit einem Deckel verschließen und bei geringer Hitze auf beiden Seiten je 10 Minuten ziehen lassen.

3. Die Frühlingszwiebeln putzen und in feine, lange Streifen schneiden. Den Ingwer schälen, die Chilischote waschen und entkernen. Beides in feine Streifen schneiden. Koriander waschen, trockenschwenken, Blättchen von den Stielen zupfen und fein hacken.

4. Den Red Snapper aus dem Sud nehmen und mit etwa 1/4 Liter Sud in einem tiefen Servierteller umgießen.

5. Den Red Snapper mit Frühlingszwiebeln und Ingwer garnieren. Das Sesamöl erhitzen und darübergeben. Mit Chilistreifen und Koriandergrün bestreuen.

Der Taschenkrebs hat sehr aromatisches Fleisch, das reich an Vitamin B12, Kupfer und Zink ist. >

Bu Pat Pong Kari

Thai-Curry-Crab

reicht für 2:

1 Taschenkrebs (etwa 600 g)
1 Knoblauchzehe
1 Stange Staudensellerie
1 kleine Zwiebel
1 Frühlingszwiebel
1 große rote Chilischote
1 l Pflanzenöl
1 1/2 EL Currypulver (feine Madrasmischung)
2 EL Thai-Fischsauce
1 EL Austernsauce
1/2 EL Zucker
1 Ei (Größe M)
5 EL Kondensmilch
5 EL Kokosmilch
1/2 TL Chilipulver
1 EL Sesamöl
1 EL Chilipaste in Sojaöl
Salz
frisch gemahlener Pfeffer

dauert: 40 Minuten

1. Den Taschenkrebs in kochendes Wasser legen und 1 Minute garen. Herausnehmen und den Körperpanzer ablösen. Die Scheren abbrechen und mit der flachen Seite des Hackmessers anschlagen. Die Beinkörperteile vierteilen und die Flüssigkeit aus dem Deckelpanzer ablaufen lassen und auffangen.

2. Die Knoblauchzehe abziehen und fein würfeln. Sellerie entfädeln, waschen und in Streifen schneiden. Zwiebel abziehen, Frühlingszwiebel waschen und putzen. Chili waschen und entkernen. Alles in Streifen schneiden.

3. Das Pflanzenöl bis auf 6 Esslöffel auf etwa 190 °C erhitzen und die Taschenkrebsteile etwa 30 Sekunden darin anfrittieren. Herausnehmen und beiseite legen.

4. Das restliche Öl in einem Wok erhitzen und Knoblauch, Zwiebel-, Sellerie- und Chilistreifen darin kurz anbraten. Currypulver darüber stäuben und mit Fischsauce, Austernsauce und Zucker würzen.

5. Ei mit Kondensmilch, Kokosmilch, Chilipulver, Sesamöl und Chilipaste verquirlen.

6. Die Taschenkrebsteile unter das Wokgemüse mischen und 1/2 Minute mitbraten. Die Taschenkrebsflüssigkeit zugießen.

7. Die Eimischung in den Wok gießen und alles aufkochen lassen. Frühlingszwiebeln unterheben, alles durchschwenken und mit Salz und Pfeffer abschmecken. Auf einer Servierplatte anrichten und mit Jasminreis (Rezept Seite 66) servieren.

Pat Pak Ruam

Marktgemüse in Austernsauce

1. Brokkoli- und Blumenkohlröschen, Möhrenscheiben, Zuckerschoten und Austernpilze in getrennten Töpfen in wenigen Minuten blanchieren.

2. Die Knoblauchzehen abziehen und fein würfeln. Das Pflanzenöl im Wok oder in einer großen Pfanne erhitzen und den Knoblauch darin andünsten.

3. Das blanchierte Gemüse mit den Sojabohnensprossen hinzufügen und unter Pfannenrühren gut durchschwenken. Mit Austern-, Soja- und Thai-Fischsauce sowie Pfeffer und Zucker würzen.

4. Die Speisestärke mit etwa 2 Esslöffeln Wasser glatt rühren und unter das Gemüse geben. Mit Brühe aufgießen, aufkochen lassen und nochmals durchschwenken. Abschmecken und servieren.

reicht für 4:

150 g Brokkoliröschen
150 g Blumenkohlröschen
150 g Möhrenscheiben
150 g Zuckerschoten
100 g Austernpilze
2 Knoblauchzehen
4 EL Pflanzenöl
100 g frische Sojabohnensprossen
3 EL Austernsauce
2 EL helle Sojasauce
1 EL Thai-Fischsauce
1/4 TL gemahlener weißer Pfeffer
1 Prise Zucker
2 TL Speisestärke
100 ml Geflügelbrühe

dauert: 30 Minuten

Tipp

Achten Sie bei Ihrem Gemüsehändler oder auf dem Markt immer auf Angebote der Saison. Im Frühjahr können Sie z. B. für dieses Gericht Spargel verwenden: Dazu Spargel in Stücke schneiden, 1 Minute in kochendes Wasser geben und im Wok mitbraten.

< Es muss nicht immer Fleisch sein: Knackiges Gemüse aus dem Wok ist bestes Powerfood.

Tigergarnelen, auch Tiefseegarnelen genannt, haben ihren Namen von den auffälligen tigerähnlichen Streifen auf dem Panzer. Ihr Fleisch schmeckt sehr aromatisch.

Gebratene Tigergarnelen

Gung Kratiem Prik Thai

reicht für 4:

6 große Knoblauchzehen
3 EL Korianderwurzeln und -stiele
1 TL gemahlener weißer Pfeffer
3 EL Thai-Fischsauce
1 TL Zucker
1 Prise Salz
600 g geschälte entdarmte Tigergarnelen
10 EL Pflanzenöl
zum Vorfrittieren:
1 l Pflanzenöl

dauert: 20 Minuten

1. Die Knoblauchzehen abziehen und fein würfeln. Korianderwurzeln und -stiele waschen, trockenschwenken und fein hacken.

2. Die Hälfte des Knoblauchs, Koriander, Pfeffer, Thai-Fischsauce, Zucker und Salz vermengen. Die Garnelen in den Würzzutaten etwa 10 Minuten marinieren.

3. Das Frittieröl auf etwa 180 °C heiß siedend erhitzen.

4. Die Garnelen aus der Marinade nehmen und für etwa 15 Sekunden in das Fett tauchen. Herausnehmen und abtropfen lassen.

5. Das restliche Pflanzenöl in einem Wok erhitzen und die andere Hälfte des Knoblauchs darin andünsten. Mit der Marinade verrühren und kurz mitbraten. Die frittierten Garnelen schnell unterheben. Alles nochmals abschmecken und servieren.

Tipp

Dieses Gericht wird mit Pflanzenöl zubereitet, das gleichzeitig als ölige Sauce zum Reis dient. Als Variante bieten sich auch in Scheiben geschnittene Calamares zu den Garnelen an. Mit gehackten Korianderblättern garnieren.

Das Bananenblatt schützt das zarte Snapperfilet beim Grillen. >

Pla Kapong Deang Yarng Bai Dong

Snapperfilet im Bananenblatt

1. Das Bananenblatt vom Mittelstrang befreien und in 4 Teile von je 30 mal 35 Zentimeter schneiden. Für etwa 20 Sekunden auf der Herdplatte oder in der Mikrowelle bei 600 Watt geschmeidig werden lassen.

2. Das Snapperfilet in 4 Stücke schneiden und jedes mit etwas roter Currypaste, Kokosmilch, Salz, Zucker und Thai-Fischsauce würzen.

3. Die Kaffirlimettenblätter waschen und in Streifen schneiden. Die Bananenblätter auf einer Seite mit Chilipaste bestreichen. Mit Basilikumblättern und Limettenblättern belegen.

4. Die Snapperfilets in die Bananenblätter einschlagen und mit je einem Zahnstocher verschließen. Unter dem Grill bei etwa 180 °C auf jeder Seite etwa 6 Minuten grillen.

reicht für 4:

1 Bananenblatt
500 g Snapperfilet
1 EL rote Currypaste
10 EL Kokosmilch
Salz
1 Prise Zucker
2 EL Thai-Fischsauce
2 Kaffirlimettenblätter
1/2 EL Chilipaste in Öl
1 Rispe Thai-Basilikumblätter

dauert: 30 Minuten

Nua Yarng

Gegrilltes Rinderrückensteak

1. Den Palmzucker im heißen Wasserbad oder in der Mikrowelle leicht verflüssigen und mit der Thai-Fischsauce verrühren. Die Steaks in dieser Marinade wenden und für etwa 5 Minuten darin ziehen lassen.

2. Steaks aus der Marinade nehmen und auf dem Holzkohlengrill oder einem elektrischen Partygrill auf jeder Seite etwa 3 Minuten grillen. Die fertigen Steaks etwa 5 Minuten beiseite legen und mit einem Teller abdecken.

3. Für den Dip Thai-Fischsauce, Tamarindensaft, Palmzucker und Thai-Chilipulver miteinander verrühren und in vier Portionsschälchen füllen.

4. Die Steaks in Streifen schneiden und mit dem Dip servieren.

reicht für 4:

1 EL Palmzucker

4 EL Thai-Fischsauce

4 abgehangene Rinderrückensteaks (à 200 g)

für den Dip:

3 EL Thai-Fischsauce

2 EL Tamarindensaft (von eingeweichter, passierter Tamarindenpaste)

1/2 EL Palmzucker

1/2 TL Thai-Chilipulver

dauert: 20 Minuten

Tipps

Verfeinern Sie das Gericht, indem Sie für jeden Gast die Steakstreifen mit feinsten Weißkohlstreifen und Minzeblättchen servieren und mit fein geschnittenem Grün von Frühlingszwiebeln garnieren. Als Beilage bietet sich für dieses Grill-Highlight gedämpfter Klebreis (Garzeit etwa 40 Minuten) an, der vor dem Dämpfen am besten über Nacht eingeweicht wurde.

< Rindersteak einmal anders: exotisch mariniert und mit einem raffinierten Thai-Dip.

Palmzucker wird aus dem Saft der Blüte der Kokospalme gewonnen und ist in Asialäden erhältlich. Alternativ können brauner Zucker oder Ahornsirup verwendet werden.

Gegrillte Schweinenackensteaks

Mu Yarng

reicht für 4:

2 große Knoblauchzehen
2 EL Thai-Fischsauce
1/2 TL zerstoßener schwarzer Pfeffer
1/2 EL Palmzucker
1/2 TL zerstoßene Korianderkörner
1 Prise Salz
4 Schweinenackensteaks (à 160–180 g)

dauert: 20 Minuten

1. Für die Marinade die Knoblauchzehen abziehen und fein würfeln. Zusammen mit Thai-Fischsauce, Pfeffer, Palmzucker, Koriander und Salz verrühren.

2. Die Schweinenackensteaks in diese Marinade legen und für etwa 5 Minuten darin ziehen lassen.

3. Die Steaks aus der Marinade nehmen und über einer schwachen Holzkohlenglut auf beiden Seiten je 4 Minuten grillen.

4. Die Steaks kurz ruhen lassen und dann in Streifen schneiden.

Tipps

Zu diesem Fleischgenuss schmeckt eine Chilisauce (Sriracha, Fertigprodukt, oder die Dipsauce wie zum »Gegrillten Rinderrückensteak«, Rezept auf Seite 80/81).

Als Beilage servieren Sie dazu Klebreis. Dafür den Klebreis über Nacht einweichen, abgießen und in ein Tuch einschlagen. Dann etwa 40 Minuten in einem Dampfgarer dämpfen. Der Reis muss klebrig zäh sein.

Gung Maenam Pao

Grillierte Süßwassergarnelen

1. Knoblauchzehen abziehen und fein würfeln. Thai-Chilis waschen, entkernen und fein würfeln. Koriander waschen, trockenschwenken, Blättchen von den Stielen zupfen und fein hacken.

2. Alle Zutaten für die Sauce mit 2 Esslöffeln Wasser verrühren und in vier Portionsschälchen füllen.

3. Die Garnelen waschen, mit einem scharfen Messer am Rücken entlang 1 1/2 Zentimeter tief einschneiden und den Darm entfernen.

4. Die Garnelen ungewürzt auf dem Holzkohlengrill bei mittlerer Hitze auf beiden Seiten etwa 3 Minuten grillen. Zwischendurch mit etwas Salzwasser bepinseln.

5. Die gegrillten Garnelen auf Salatblättern, Gurken- und Tomatenscheiben anrichten. Je ein Schälchen mit Sauce dazu reichen.

reicht für 4:

für den Dip:

- 2 Knoblauchzehen
- 2 Thai-Chilis
- 1/4 Bund Koriandergrün
- 3 EL Limettensaft
- 2 EL Thai-Fischsauce
- 1 Prise Zucker

zum Grillen:

- 12 Rosenberg-Garnelen (à 150 g mit Kopf und Schale)
- Salz

für die Garnitur:

- 4 Salatblätter
- 8 Gurkenscheiben
- 8 Tomatenscheiben

dauert: 25 Minuten

Tipp

Die Garnelen werden trocken ohne Pflanzenöl gegrillt. Die Schale gibt einen hervorragenden Geschmack ab und darf sogar etwas schwarz werden. Der Fettanteil in der »Garnelennase« ist im Übrigen eine Delikatesse, auf thailandisch Man Gung.

Qualitativ hochwertiger Knoblauch ist unversehrt, prall und hat keine Triebe.

Delikater Abschluss
Süßes & Desserts
Exotische und fruchtige Naschereien, die immer passen

Bei den Süßspeisen ziehen die Thailänder noch einmal alle Register ihres Könnens. Ideen und Zutaten schöpfen sie aus dem überreichen Garten Eden, den ihnen das subtropische Klima vor ihrer Haustür beschert.

Thailändische Mangos haben im Gegensatz zu den meisten Mangosorten auch vollreif eine grüne Schale.

Thai-Blumenduftmango

Kao Neau Mamuang

reicht für 4:

250 g Thai-Klebreis
100 ml Kokosmilch
3 EL Zuckersirup
1 Prise Salz
2 thailändische Blumenduftmangos (Sorte Nam Dok Mat)
für die Garnitur:
4 Bananenblätter

dauert: 40 Minuten (plus 13 Stunden ruhen)

1. Den Klebreis für etwa 12 Stunden in kaltem Wasser einweichen. Abgießen und den Reis in eine weiße Leinenserviette geben. Für etwa 40 Minuten im Reiskocher oder im Kartoffeldämpfer dämpfen, aber nicht im Dampfdruckgarer. Alternativ den Reis in einem Bambuskörbchen etwa 80 Minuten dämpfen.

2. Kokosmilch aufkochen. Den gedämpften Reis in einer Schüssel mit der Kokosmilch, dem Zuckersirup und dem Salz vermengen.

3. Den Reis mit einem feuchten Tuch abdecken und bei Zimmertemperatur 1 Stunde stehen lassen.

4. Die Mangos schälen, am Kern entlang halbieren und in Stücke schneiden. Die Bananenblätter zu tellergroßen runden Scheiben ausschneiden und je 1 Blatt auf einen Teller legen.

5. Die Mangostücke auf den Bananenblättern anrichten. Vom Klebreis mit einem Löffel oder Eisportionierer Nocken abstechen und dazugeben.

Tipp

Den Reis mit Sesamsamen oder gerösteten gelben Munglinsen dekorieren. Eine Orchideenblüte am Tellerrand bringt Sie in Urlaubsstimmung.

Ihre Gäste werden begeistert sein, wenn Sie den süßen Kürbis aufschneiden. >

Fak Tong Sankaya

Kokosflan im Thai-Goldkürbis

1. Den oberen Teil vom Kürbis als Deckel abschneiden und die Kerne mit einem Löffel herausschälen.

2. Den Palmzucker im heißen Wasserbad oder in der Mikrowelle verflüssigen. Eier und Kokosmilch verquirlen und den Palmzucker und das Salz unterrühren.

3. Diese Flüssigkeit in den ausgehöhlten Kürbis gießen und mit dem Deckel verschließen.

4. Den Kürbis etwa 75 Minuten in einem Dämpfkörbchen oder im Kartoffeldämpfer dämpfen. Für etwa 3 Stunden in den Kühlschrank stellen.

5. Den Kürbis mit Früchten oder Fruchtsorbet servieren und am Tisch aufschneiden.

reicht für 4:

1 mittelgroßer Thai-Kürbis (Moschuskürbis)
2 EL Palmzucker
2 Eier (Größe M)
280 ml Kokosmilch
1 Prise Salz
zum Servieren:
Früchte oder Fruchtsorbet nach Belieben

dauert: 90 Minuten (plus 3 Stunden kühlen)

Ein Bananenfruchtstand, auch Büschel genannt, trägt etwa 200 Bananen.

Mosaik von Thai-Früchten

Der exotische Kick

reicht für 4:

500 ml Kokosmilch
5 cl Kokossirup (aus der Flasche)
thailändische Früchte nach Saison, z. B. 8 Rambutans, 1 Mango, 2 Mangostanen

dauert: 40 Minuten

1. Die Kokosmilch mit dem Kokossirup mischen und in eine Eismaschine geben. Etwa 30 Minuten laufen lassen. Alternativ im Tiefkühlfach gefrieren und öfter umrühren.

2. Rambutans und Mango schälen. Das Mangofruchtfleisch in dünne Spalten schneiden und fächerförmig anrichten.

3. Die Mangostanen waschen und quer halbieren. Je 1 Hälfte zusammen mit 2 Rambutans auf den Tellern neben den Mangofächern hübsch anrichten.

4. Das Kokosnusseis in Schälchen füllen und separat dazu reichen.

Bananenfinger in Koko Kruay

Bua Chee

reicht für 4:

500 ml Kokosmilch
2 EL Zucker
1 Prise Salz
8 Babybananen

dauert: 15 Minuten

1. In einer Pfanne oder im Wok die Kokosmilch erhitzen. Mit Zucker und Salz würzen.

2. Unter Rühren die Kokosmilch bei geringer Hitze etwa 5 Minuten kochen lassen. Die Bananen schälen, halbieren, in die Milch einlegen und in einigen Minuten erwärmen.

3. Je 2 Bananen mit Kokosmilch in Schalen verteilen und warm genießen.

Die Navel-Orangen sind die in Europa beliebteste Sorte. Sie sind saftig und enthalten keine Kerne. >

Som Loy Geow

Orangen im Rosensirup

1. Orangen einschließlich der weißen Haut schälen. Mit einem scharfen Messer die Filets herausschneiden. In vier Glasschalen kreisförmig anrichten und in den Kühlschrank stellen.

2. Den Zucker mit 400 Milliliter Wasser verrühren und aufkochen. Bei mittlerer Hitze etwa 15 Minuten kochen, bis die Konsistenz sirupartig ist.

3. Den Zuckersirup mit Rosenwasser parfümieren und die Orangenfilets löffelweise damit überziehen. Erneut in den Kühlschrank stellen und 2 Stunden kühlen.

4. Zum Servieren die Glasschalen auf Eis stellen und mit frischen Rosenblüten garnieren.

reicht für 4:

4 Orangen
200 g Zucker
1 TL Rosenwasser
für die Garnitur:
Rosenblätter

dauert: 30 Minuten (plus 2 Stunden kühlen)

Tipp

Die Orangen mit Früchten Ihrer Wahl wie Rambutane, Lychees, Mangos oder Papayas ersetzen. Parfümiertes Wasser, Sa Rim, ist in Thailand sehr beliebt.

Poh Piard Porlamai

Frühlingsrollen mit Jackfrucht

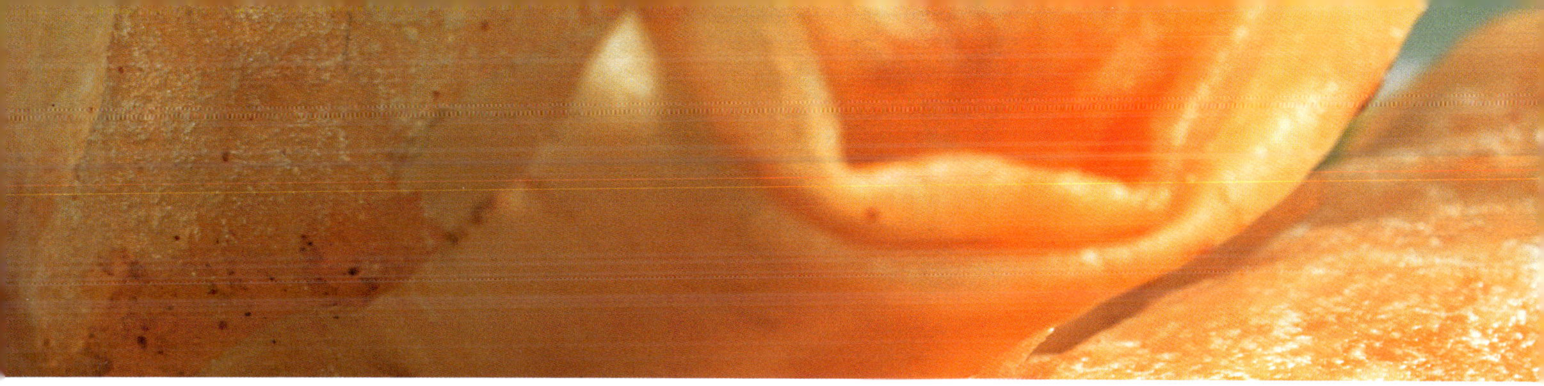

1. Das Eigelb, die Hälfte des Zuckers und die Speisestärke mit dem Schneebesen cremig rühren. Die Hälfte der Kokosmilch unterziehen.

2. Die andere Hälfte der Kokosmilch mit dem restlichen Zucker unter ständigem Rühren in einem Topf aufkochen. Den Topf beiseite ziehen und die Eimischung langsam hineinlaufen lassen, dabei immer weiter rühren.

3. Unter ständigem Rühren die Creme einige Male aufkochen lassen. Die Creme in eine Schüssel umfüllen und erkalten lassen.

4. Die erkaltete Creme aus der Schüssel stürzen, wiegen und die gleiche Menge Kokosflocken (etwa 100 Gramm) unterrühren.

5. Die Frühlingsrollenblätter jeweils in 4 gleich große Teile schneiden.

6. Die Jackfrucht abgießen und trockentupfen. In feinste Scheiben schneiden. Die Hälfte davon unter die Kokoscreme heben.

7. Die Kokoscreme teelöffelweise auf den Frühlingsrollenblättern verteilen. Die Blätter aufrollen, die Kanten dabei einschlagen und die Ränder mit etwas Mehlwasserteig verschließen.

8. Das Pflanzenöl auf 180 °C heiß siedend erhitzen und die Frühlingsrollen portionsweise darin ausbacken. Auf Küchenpapier abtropfen lassen und auf vier Teller verteilen. Mit Puderzucker bestäuben und mit der restlichen Jackfrucht garnieren.

9. Die Sauce aus Honig, Passionsfruchtsaft und Sesamöl anrühren. In vier kleine Schälchen verteilen, mit Sesamsamen bestreuen und auf den Desserttellern dazustellen.

reicht für 4 (pro Person 6 Stück):

1 Eigelb
1 EL Zucker
1 TL Speisestärke
125 ml Kokosmilch
etwa 100 g Kokosflocken
6 Blätter Frühlingsrollenhaut (tiefgekühlt, Größe 21 x 21 cm)
1 kleine Dose Jackfrucht
2 EL Mehlwasserteig (1 EL Mehl mit 1 1/2 EL Wasser verrührt)
Puderzucker

zum Frittieren:
1 l Pflanzenöl

für die Sauce:
2 EL Honig
50 ml Passionsfruchtsaft
1 TL Sesamöl
etwas Sesamsamen

dauert: 50 Minuten

Wir empfehlen, die Rezeptmenge zu verdoppeln, denn die süßen Frühlingsrollen halten sich bis zu zwei Tage im Kühlschrank und können ganz toll im Backofen aufgebacken werden.

< ***Frühlingsrollen als knuspriges Dessert mit einer exotischen Jackfruchtfüllung.***

Mango Tango

Exotisch prickelnd

reicht für 4:

500 g Mangofruchtmark
4 cl Zitronensaft
1 EL Glukosesirup
0,7 l Prosecco oder Champagner
einige frische Koriander- oder Zitronenmelisseblättchen

dauert: 40 Minuten

1. Das Mangofruchtmark mit Zitronensaft und Glukosesirup vermischen und in eine Eismaschine geben. Diese etwa 30 Minuten laufen lassen. Alternativ die Masse im Tiefkühlfach gefrieren und öfter umrühren.

2. Das fertige Mangosorbet mit einem Eisportionierer zu Bällchen formen und in vier Champagnerkelche verteilen. Mit Prosecco oder Champagner aufgießen und mit Koriander- oder Melisseblättchen garnieren.

Mangostin-Velvet

Ein Asia-Kaffee zum Abschluss

reicht für 1:

4 cl gesüßte Kokosmilch
2 cl Kokossirup
2 cl Rum
2 cl Kahlúa
1 doppelter, heißer Espresso
2 EL geschlagene Sahne
1 TL Kokosraspel

dauert: 10 Minuten

1. Kokosmilch, Kokossirup, Rum und Kahlúa miteinander verrühren. Den Espresso unterrühren und alles in eine große Cappuccinotasse gießen.

2. Die Kaffeemischung mit der Schlagsahne bedecken und mit Kokosraspeln garnieren.

*∧ **Zitronen, die relativ schwer sind, enthalten viel Saft. Durchschnittlich liefert eine Zitrone 50 Milliliter Saft.***

Register

Die Autoren

Rose Marie Donhauser absolvierte drei gastronomische Ausbildungen, u. a. als Köchin im Hotel Hilton in München. Sie hat bis heute mehr als 40 Kochbücher verfasst. Joseph Peter war sechs Jahre Küchenchef im Bangkok Hilton und Leiter der Nationalmannschaft der thailändischen Köche. Seit 1990 ist der Spitzenkoch geschäftsführender Gesellschafter des Mangostin Asia Restaurants in München.

Die Fotografin

Barbara Bonisolli gehört zur jungen Generation der Foodfotografen. Sie liebt gutes Essen und das passende Ambiente, das sie für ihre Fotos auch selbst gestaltet. Barbara Bonisolli arbeitet für Kochbuchverlage, Zeitschriften, Werbe- und Industriekunden. Zusammen mit ihrem Foodstylisten Hans Gerlach, gelernter Koch und Architekt sowie Mitinhaber der Agentur »food & text«, machte sie eigens für dieses Buch die ansprechenden Foodfotos.

Bildnachweis

Bonisolli Barbara Archiv, München: U1, 9, 43; Gettyone Stone, München: 6 (Steve Bly), 11 (John Turner), 13 (Connie Coleman); Heer Joachim, München: 12; Holz Michael, Hamburg: 33, 51; Photonica, Hamburg: 8 (Neo Vision), 16 (Michio Yasumura); StockFood, München: 7 (Tavormina Paulette), 10, 62 (S.&P. Eising), 19, 36, 66 (Susie Eising), 22, 26, 75 (Maximilian Stock LTD), 30 (Scherer), 44 (Morris Steven), 56 (David Loftus), 38 (Jan-Peter Westermann), 78 (Losito & Losito snc), 88 (Paolo Tiengo)

Hinweis

Das vorliegende Buch ist sorgfältig erarbeitet worden. Dennoch erfolgen alle Angaben ohne Gewähr. Weder Autoren noch Verlag können für eventuelle Nachteile oder Schäden, die aus den im Buch gemachten praktischen Hinweisen resultieren, eine Haftung übernehmen.

Impressum

Lektorat: Michaela Röhrl
Projektleitung für diese Ausgabe: Jacqueline Böttcher
Bildredaktion: Sabine Kestler
Foodfotografie: Barbara Bonisolli, München
Foodstyling: Hans Gerlach, München
Layout: Lohmüller Werbeagentur, Berlin
Umschlag: Atelier Versen, Bad Aibling
DTP: Andreas Rimmelspacher, Seehausen
Druck und Verarbeitung: Lego, Vicenza

Printed in Italy

Gedruckt auf chlor- und säurearmem Papier

ISBN 978-3-8094-2095-8

579/063270101X817 2635 4453 6271